A CO TO TAKIEGO?

OBRAZKOWY SŁOWNIK JĘZYKA POLSKIEGO

JĘZYK POLSKI DLA CUDZOZIEMCÓW

JĘZYK POLSKI

DLA CUDZOZIEMCÓW

SERIA POD REDAKCJĄ
Władysława Miodunki

13

INSTYTUT STUDIÓW POLONIJNYCH I ETNICZNYCH
UNIWERSYTETU JAGIELLOŃSKIEGO

OBRAZKOWY SŁOWNIK
JĘZYKA POLSKIEGO

ANNA SERETNY

A CO TO TAKIEGO?

SŁOWNIK
z ilustracjami
Andrzeja Piątkowskiego

poziom
PROGOWY

Kraków

ISBN 83-7052-575-X
TAiWPN UNIVERSITAS

Tłumaczenie na język ang.
Andrzej Kurtyka
Marek Wójcikiewicz

Tłumaczenie na język franc.
Marta Turnau

Tłumaczenie na język niem.
Dörte Muß-Gorazd

Redaktor
Wanda Lohman

Projekt okładki
Sepielak

SPIS TREŚCI

WSTĘP

A co to takiego? Obrazkowy słownik języka polskiego po raz pierwszy ukazał się w roku 1993 i był pierwszym słownikiem tego typu przeznaczonym dla uczących się języka polskiego jako obcego. Był on adresowany zarówno do tych, którzy naukę rozpoczynali, jak i do tych, którzy chcieli poszerzyć swoją znajomość polskiego słownictwa. Wszystkie artykuły hasłowe słownika definiowane były za pomocą obrazków. Dzięki takiej technice możliwe było uniknięcie wielu kłopotów związanych z definiowaniem pojęć podstawowych, stanowiących zasadniczy korpus pracy. Pierwsze wydanie, mimo bardzo skromnej szaty graficznej – plansze słownika były czarno-białe – cieszyło się sporą popularnością wśród uczących się (posługiwano się nim i w kraju i za granicą) i jego nakład wkrótce się wyczerpał.

Korzystając z nadarzającej się okazji postanowiliśmy przygotować kolejne wydanie *Obrazkowego słownika języka polskiego* uwzględniając w nim zarówno nowe pomysły autorów jak i sugestie oraz spostrzeżenia użytkowników. Zasadnicza koncepcja pracy, zgodnie z którą znaczenia jednostek leksykalnych definiowane są za pomocą rysunków, nie uległa zmianie. Jednakże dzięki nowym, kolorowym tablicom niezwykle zyskała szata graficzna słownika i poprawiła się czytelność rysunków. Mieliśmy także możliwość wprowadzenia do nich nowych elementów leksykalnych, przez co wzrosła nieco liczba haseł słowniczka.

Zdecydowana większość jednostek leksykalnych definiowanych przez słownik obrazkowy to wyrazy nazywające. Najliczniej reprezentowane są rzeczowniki, następnie czasowniki i przymiotniki. Udział poszczególnych części mowy w materiale leksykalnym słownika można uzasadnić ich udziałem w zasobie słów, którymi posługuje się przeciętny użytkownik języka polskiego (wg badań M. Zarębiny rzeczowniki stanowią około 50% tego zasobu, podczas gdy czasowniki i przymiotniki, odpowiednio 22% i 18%).

Materiał leksykalny został przedstawiony w 32 polach tematycznych, które z założenia są niekompletne i dostosowane do potrzeb przyszłych użytkowników słownika. Grupowanie i prezentacja materiału leksykalnego w polach tematycznych wydaje się bardziej trafna niż ich prezentacja w porządku alfabetycznym, ponieważ słowa występują wtedy w naturalnym dla nich kontekście, co znacznie ułatwia ich identyfikację oraz semantyzację. Układ alfabetyczny ma swoją logikę, ale nie jest to logika dnia codziennego, w której *łyżki* i *widelce* sąsiadują z *talerzami*, a nie z *łyżwami* i *widełkami telefonu*. Niniejszy słownik nie proponuje nowego układu pojęciowego. Jest raczej płaską klasyfikacją słownictwa na dwu poziomach: nadrzędnym i podrzędnym, a dobór pól był uwarunkowany pragmatycznie – potrzebami życia codziennego.

W związku z trudnościami natury technicznej z prezentowaniem czasowników i przymiotników czy przyimków na tych samych tablicach co rzeczowniki w obrębie poszczególnych pól tematycznych, dla tych części mowy wprowadzone zostały oddzielne tablice (33–36). Wydaje się, iż takie rozwiązanie ułatwi korzystanie ze słownika przyszłemu użytkownikowi i pozwoli mu na uniknięcie wątpliwości z ustaleniem, czy dany rysunek ukazuje rzecz, obrazuje cechę czy też odnosi się do czynności.

Każde pole tematyczne to, w zależności od rozmiarów pola, jedna lub więcej tablic. W sekcji gramatycznej (tablice 33–36) zamiast tablic wykorzystaliśmy pojedyncze obrazki. Każdy definiowany element planszy czy też pojedynczy obrazek opatrzony został numerem. Numerowi temu odpowiada wyraz znajdujący się na sąsiedniej stronie.

Na końcu słownika zamieszczony został indeks wszystkich jednostek leksykalnych definiowanych przez słownik, wraz z informacją, na której tablicy (lub tablicach) dana jednostka została zdefiniowana ostensywnie. Wszystkie artykuły hasłowe indeksu zawierają informacje, do jakiej części mowy dany wyraz należy. Formą hasłową rzeczownika jest mianownik liczby pojedynczej. Po formie hasłowej słownik podaje oznaczenie rodzaju rzeczownika, a następnie pełne formy dopełniacza liczby pojedynczej i miejscownika liczby pojedynczej. W przypadku rzeczowników męskoosobowych słownik dodatkowo podaje mianownik liczby mnogiej. Pilotażowe badania błędów popełnianych przez obcokrajowców uczących się polskiego pokazały, że to właśnie te dwa przypadki są dla nich najtrudniejsze. Główną postacią hasłową czasownika jest bezokolicznik. Słownik ilustracjami definiuje znaczenie podstawowe czasowników niedokonanych. W indeksie znaleźć można ich dokonane odpowiedniki. Przymiotnik podany został w mianowniku liczby pojedynczej rodzaju męskiego wraz z formą stopnia wyższego.

Mam nadzieję, że słownik obrazkowy w swej nowej, kolorowej szacie stanie się kolejną pomocą zarówno dla lektorów, jak i studentów uczących się języka polskiego. Chciałbym, by stał się on pomocą wizualną do nauczania języka polskiego, której obecność na zajęciach wprowadzi urozmaicenie i pozwoli studentom szybciej i efektywniej opanować słownictwo, którego znajomość jest bezpośrednio użyteczna w życiu codziennym.

INTRODUCTION

A co to takiego? Obrazkowy słownik języka polskiego was published in 1993 and was the first dictionary of this type designed for learners of Polish as a foreign language. It was addressed both to beginners and to those who wanted to broaden their knowledge of Polish vocabulary. All entries of the dictionary were defined by pictures. Thanks to this technique it was possible to avoid many problems with defining basic notions which constitute the core of the material. The first edition, although very modest in its graphic design (the charts were black and white) became quite popular among the students in Poland and abroad, and was soon sold out.

Taking the opportunity, we decided to prepare another edition of the *Obrazkowy słownik języka polskiego* which would include new ideas of the authors and take into account the remarks and opinions of the readers. The fundamental principle of the dictionary, i.e. presenting meanings of lexical items by means of illustrations, has not changed. However, thanks to the new, color charts, the graphic design of the dictionary and clarity of the illustrations have considerably improved. Some new lexical elements have been added, which increased the overall number of entries.

The majority of lexical items defined by the picture dictionary are content words. The most numerous category are nouns, then come verbs and adjectives. The share of each part of speech in the lexical material covered by the dictionary reflects its frequency of occurrence in the vocabulary repertoire of an average native speaker of Polish (according to the results of research by M. Zarębina, nouns constitute 50% of the vocabulary, whereas verbs and adjectives 22% and 18% respectively).

The lexical material is presented in 32 subject areas which in principle are incomplete and tailored to the needs of prospective users. Grouping the lexical material in subject areas seems more adequate than their presentation in alphabetical order, as words appear in their natural context, which significantly facilitates their identification and semanticization. Alphabetical order has its logic, but it is different from an every day logic according to which *spoons* and *forks* accompany *plates*, and not *sponges* or *forests*. This dictionary does not introduce any new notional system. It is rather a flat classification of vocabulary on two levels: superior and subordinate, with the areas selected pragmatically, their choice being dictated by everyday needs.

Due to technical difficulty in presenting verbs, adjectives or adverbs in the same charts as nouns within particular subject areas, separate charts are introduced for other parts of speech (33–36). It seems this arrangement facilitates using the dictionary and helps the prospective user to avoid possible doubts as to whether an illustration refers to an object, a quality, or an action.

Each subject area comprises one or more charts, depending on its size. In the grammatical section (33–36), single illustrations are used instead of charts. Every defined element and every illustration has a number. The numbers refer to the words listed on the page opposite.

At the back of the dictionary there is an alphabetical index of all lexical items defined in the book, together with references to a relevant chart or charts. All items in the index contain information indicating which part of speech the word is. The base form of the noun is the nominative singular. The base form is followed by the information on gender, and full forms of the genitive and locative singular. For masculine nouns, the dictionary also gives the nominative plural form. Pilot studies on errors made by foreigners studying Polish indicate that these two cases are the most difficult. The base form of the verb is the infinitive. The dictionary illustrates graphically basic meanings of imperfective verbs. The index provides their perfective counterparts. Adjectives are given in the masculine nominative singular form, together with the comparative degree form.

I hope that the picture dictionary in its new design in color will be helpful both for the learners and the teachers of Polish. I would like this book to become a visual aid in teaching Polish, which will make language classes more attractive and help learners memorize useful everyday vocabulary faster and more effectively.

INTRODUCTION

A co to takiego? Obrazkowy słownik języka polskiego a été publié pour la première fois en 1993 et était le premier dictionnaire de ce type destiné aux apprenants le polonais comme langue étrangère. Il s'adressait aussi bien à ceux qui commençaient l'apprentissage qu'à ceux qui voulaient développer leur connaissance du vocabulaire polonais. Toutes les unités du dictionnaire étaient définies à l'aide d'images. Grâce à cette technique il a été possible d'éviter de nombreux problèmes liés à la définition des idées de base qui constituent le corpus. La première édition bien que modeste graphiquement (les tableaux en noir et blanc) était très populaire parmi les apprenants (on l'utilisait en Pologne et à l'étranger) et son triage s'est vite épuisé.

Profitant de l'occasion nous avons décidé de préparer une nouvelle édition de *Obrazkowy słownik języka polskiego* en prenant en compte aussi bien les nouvelles idées des auteurs que les suggestions et les remarques de ceux qui l'utilisent. Le principe du travail qui consiste à définir les unités lexicales à l'aide des dessins n'a pas changé. Mais grâce aux nouveaux tableaux en couleurs cette édition gagnera beaucoup en apparence et en clareté des dessins. La grande majorité des unités lexicales définies dans le dictionnaire constituent les noms désignants. Les plus nombreux sont les substantifs, ensuite les verbes et les adjectifs. La participation des différentes parties du discours dans le corpus du dictionnaire peut être expliquée par leur participation dans le lexique polonais (selon les recherches de M. Zarębina les substantifs constituent environ 50% de ce lexique, pendant que les verbes et les adjectifs respectivement 22% et 18%).

Le corpus lexical a été présenté en 32 champs thématiques qui, par définition, sont incomplets et adaptés aux besoins des futurs utilisateurs du dictionnaire. Leur regroupement et la présentation du lexique dans les champs thématiques semble plus adéquate que leur présentation alphabétique étant donné que les mots apparaissent alors dans un contexte naturel, ce qui facilite l'identification. L'ordre alphabétique a sa logique mais celle-ci n'est pas la logique quotidienne dans laquelle les *fourchettes* sont à côté des *assiettes* et non pas près des *fourches*. Ce dictionnaire ne propose pas de nouvelles dispositions. Il classifie le vocabulaire en deux niveaux: principal et secondaire, le choix des champs a été défini du point de vue pragmatique – par les besoins de la vie quotidienne.

A cause des problèmes de nature technique liés à la présentation

des verbes, adjectifs et prépositions sur les mêmes tableaux que les substantifs au sein des différents champs thématiques, pour cette partie du
discours nous avons préparé des tableaux séparés (33–36). Il semble que
cette solution facilitera l'utilisation du dictionnaire et permettra d'éviter
les doutes concernant la décision si le dessin donné montre une chose,
caractérise un trait ou s'il se rapporte à une action.

Chaque champ thématique est représenté selon sa taille, sur un ou
plusieurs tableaux. Dans la section grammaticale (33–36) au lieu des
tableaux nous avons utilisé des dessins séparés. Chaque élément défini
sur le dessin a été doté d'un numéro auquel correspond le mot de la page
voisine.

A la fin du dictionnaire a été placé un index alphabétique de toutes
les unités lexicales définies par le dictionnaire ainsi que l'information sur
quel tableaux l'unité donnée a été définie. Le substantif a la forme du
nominatif. Le dictionnaire donne aussi son genre et ensuite les formes du
complément et du locatif au singulier. Pour les subtantifs masculins le
dictionnaire donne aussi le nominatif au pluriel. Les analyses des erreurs
commises par les étrangers apprenant le polonais ont démontré que jus-
tement ces deux cas sont pour eux les plus difficiles. Le verbe a comme
forme de base l'infinitif. Le dictionnaire explique à l'aide des illustrations le sens des verbes inaccomplis. Dans l'index on peut trouver aussi
leur correspondants accomplis. L'adjectif est au nominatif, au masculin
singulier.

J'espère que le dictionnaire illustré dans sa nouvelle version en couleur deviendra une aide aussi bien pour les enseignants que pour les
étudiants du polonais. Je voudrais qu'il devienne une aide visuelle pour
enseigner le polonais et dont la présence durant les cours introduirait un
divertissement et permettrait aux élèves d'assimiler plus vite et de façon
plus effective le vocabulaire dont la connaissance est si utile dans la vie
quotidienne.

A co to takiego? Obrazkowy słownik języka polskiego [Was ist das? Bildwörterbuch der polnischen Sprache] erschien in erster Auflage 1993 als erstes Wörterbuch dieser Art für den Unterricht von Polnisch als Fremdsprache. Es richtet sich sowohl an Lernanfänger als auch an bereits Fortgeschrittene, die ihren polnischen Wortschatz erweitern wollen. Alle im Wörterbuch aufgeführten Lemmata sind durch Abbildungen definiert. Diese Methode ermöglicht es, die bei der Definition von Grundbegriffen – die den Großteil des Werks ausmachen – häufig auftretenden Probleme zu vermeiden. Die erste Auflage erfreute sich, trotz ihrer nur bescheidenen grafischen Ausstattung mit schwarz-weißen Bildtafeln, unter Polnischlernenden im In- und Ausland hoher Beliebtheit und war in Kürze vergriffen.

Erfreulicherweise ergab sich nun die Gelegenheit, eine Neuauflage unseres *Bildwörterbuchs der polnischen Sprache* vorzulegen, in der sowohl Vorschläge und Bemerkungen seiner bisherigen Nutzer als auch Verbesserungsideen der Autoren berücksichtigt werden konnten. Das Grundkonzept des Werks, d.h. die Definition lexikalischer Einheiten mit Hilfe von Abbildungen, ist unverändert geblieben. Dank der neuen, farbigen Bildtafeln ist die grafische Ausstattung des Wörterbuchs nun wesentlich ansprechender und die Bilder sind verständlicher geworden. Zudem ergab sich die Möglichkeit, neue Elemente einzuführen. Das Bildwörterbuch ist vor allem für Ausländer bestimmt, die unsere Sprache erlernen wollen.

Die überwiegende Mehrheit der in unserem Bildwörterbuch definierten lexikalischen Einheiten sind benennende Begriffe. Am zahlreichsten vertreten sind die Substantive, gefolgt von Verben und Adjektiven. Der Anteil der einzelnen Wortarten im lexikalischen Material des Wörterbuchs entspricht ihrem Anteil am Alltagswortschatz des durchschnittlichen Sprechers der polnischen Sprache: Nach den Forschungsergebnissen von M. Zarębina besteht dieser zu ca. 50% aus Substantiven und zu jeweils 22% und 18% aus Verben und Adjektiven.

Das lexikalische Material ist auf 32 Themenbereiche aufgeteilt, die selbstverständlich nur unvollständig wiedergegeben werden konnten. Die Auswahl der dargestellten Begriffe ist auf die Bedürfnisse der Nutzer des Wörterbuchs abgestimmt. Die Zusammenstellung und Präsentation des lexikalischen Materials nach Themenfeldern scheint uns treffender als seine Darstellung in alphabetischer Anordnung, da die Wörter auf diese Weise in ihrem natürlichen Kontext auftreten, was ihre Identifizierung und Semantisierung deutlich erleichtert. Zwar besitzt auch die alphabetische Anordnung selbstverständlich ihre innere Logik, aber diese Logik ist nicht jene des Alltags, wo *Messer* und *Gabel* neben *dem Teller* zu finden sind, nicht neben *Messgerät* und *Gabe*. Unser Wörterbuch schlägt keine neue Begriffstruktur vor. Es ist lediglich eine flache Klassifikation des Wortschatzes auf zwei Ebenen, der übergeordneten und der untergeordneten, und die Zusammenstellung der Themenfelder liegt in den Bedürfnissen des Alltags pragmatisch begründet.

Aufgrund der technischen Schwierigkeiten, die sich bei einer Darstellung von Verben und Adjektiven oder Präpositionen gemeinsam mit Substantiven auf denselben Tafeln ergeben, wurden für diese Wortarten eigene Tafeln gestaltet (Nr. 33–36). Diese Einteilung erleichtert die Nutzung des Wörterbuchs und lässt Zweifel daran, ob eine bestimmte Zeichnung ein Ding, eine Eigenschaft oder eine Tätigkeit darstellt, gar nicht erst aufkommen.

Jedes Themenfeld umfasst, je nach seinem Umfang, eine oder mehrere Tafeln. Im Grammatikteil (Tafeln Nr. 33–36) wurden statt Bildtafeln Einzeldarstellungen verwendet. Jedes definierte Element der Bildtafel und jedes einzelne Bild ist mit einer Nummer versehen, die sich auf einen Begriff bezieht, der auf der Nebenseite zu finden ist.

Am Ende des Wörterbuchs befindet sich ein alphabetisches Verzeichnis aller im Wörterbuch definierten lexikalischen Einheiten mit einem Hinweis darauf, auf welcher Bildtafel bzw. welchen Bildtafeln diese jeweils definiert sind. Alle Stichworte im Index sind mit der Information versehen, zu welcher Wortart der betreffende Begriff gehört. Die Substantive sind im Nominativ Singular aufgeführt, danach folgt die Angabe zum grammatischen Geschlecht des Substantivs, und dahinter die vollständigen Formen des Genitiv Singular und des Lokativ Singular. Bei männlich-personalen Substantiven gibt das Wörterbuch zudem den Nominativ Plural an. Stichprobenartige Untersuchungen der von Ausländern im Polnischen begangenen Fehler haben ergeben, dass diese grammatischen Fälle den Lernenden die größten Schwierigkeiten bereiten. Die Grundform der im Wörterbuch angegebenen Verben ist der Infinitiv. Das Wörterbuch definiert mit Hilfe der Abbildungen die Grundbedeutung der unvollendeten Verben. Im Index sind die vollendeten Entsprechungen dieser Verben angegeben. Die Adjektive sind im Nominativ Singular Maskulinum angegeben, zusammen mit der Form des Komparativs.

Ich hoffe, dass das Bildwörterbuch in seiner neuen, farbigen grafischen Ausstattung ein weiteres Hilfsmittel sowohl für Lektoren als auch für Lernende der polnischen Sprache sein wird. Ich wünsche mir, dass es als ein visuelles Hilfsmittel im Unterricht der polnischen Sprache dienen wird, das zu einem abwechslungsreicheren Unterricht beiträgt und es den Lernenden ermöglicht, sich schneller und effektiver den Wortschatz zu erarbeiten, dessen Kenntnis im Alltag unerlässlich ist.

JAK KORZYSTAĆ ZE SŁOWNIKA

Drogi Czytelniku,

Jeżeli znasz polskie słowo nie znając jego znaczenia, odszukaj je w indeksie. Obok słowa znajdziesz informację, na której tablicy zostało ono umieszczone. Skrót T 9B oznacza tablicę ilustracyjną nr 9, część B. Numer, który pojawia się po tym skrócie, to numer elementu danej tablicy. W indeksie znajdziesz także informacje gramatyczne niezbędne, by dane słowo prawidłowo odmienić.

Jeżeli nie znasz na przykład znaczenia słowa *jabłko,* na podstawie informacji zawartych w indeksie [T4 A1] odszukasz rysunek ilustrujący znaczenie tego słowa na tablicy numer 4A pod numerem 1.

Jeżeli zaś nie wiesz, jak brzmi dane słowo w języku polskim, musisz sięgnąć do *Spisu tablic,* a następnie zdecydować, z jakim tematem kojarzy Ci się ów wyraz. Przykładowo *a spoon/ der Loffel/ une cuiller* kojarzyć się może z kuchnią i nakryciami stołowymi. I tak na tablicy ilustracyjnej nr 11 – *Nakrycia stołowe,* w części C – *Sztućce,* pod numerem 3 odnajdziesz *łyżkę,* czyli polski odpowiednik interesującego Cię słowa.

Jeżeli interesujące Cię słowo to czasownik, przymiotnik, przyimek lub zaimek – musisz sięgnąć do tablic sekcji gramatycznej – numery 33–36.

Nazwy państw, ich mieszkańców i przymiotniki oznaczające nazwy narodowości znajdują się w osobnym dodatku geograficznym. Osobno też została zamieszczona lista liczebników głównych i porządkowych. Tam też zamieszczone zostały nazwy miar i wag.

Patrząc na interesującą Cię tablicę ilustracyjną, zauważysz z pewnością wiele innych słów związanych z danym tematem. Jeśli ich nie znasz – może spróbujesz się ich nauczyć? Przyjemnej pracy!!!

HOW TO USE THE DICTIONARY

Dear Reader,

If you've come across a Polish word and you do not know its meaning, look for it in the index. Next to the word you will find reference to the chart in which it is presented. For example the abbreviation T 9B indicates chart no. 9, part B. The number which follows refers to the searched item. The index also provides indispensable grammatical information on how the word inflects in the appropriate way.

For instance, if you do not know the meaning of the word *jabłko*, the index information [T4 A1] will direct you to illustration no. 1 on chart 4A.

If you want to know what is a given word in Polish, you should go to the *List of Charts* and decide in which subject area the word may be found. For example, *a spoon* may be associated with the kitchen or place setting. Thus, in chart no. 11 – *Nakrycia stołowe* (Place setting), in part C – *Sztućce* (Cutlery), at number 3 you will find *łyżka* – i.e. the Polish equivalent of the word you are looking for.

If you are looking for a verb, adjective, preposition or pronoun, you should go to the grammatical section – numbers 33–36.

Names of countries and their citizens along with adjectives referring to nationality are listed in a separate geographical appendix. Cardinal and ordinal numbers are also listed separately. There you will also find names of weight and measurement units.

Looking at one of the charts you are bound to notice many other words related to the subject. If you do not know them – why not try to learn them? Enjoy your work!

COMMENT UTILISER LE DICTIONNAIRE

Cher Lecteur,

Si tu connais un mot polonais sans connaître sa signification, cherche le dans l'index alphabétique. A côté du mot tu trouveras l'information sur quel tableau il a été placé. L'abréviation T 9B signifie: tableau 9, partie B. Le numéro qui apparaît ensuite est celui de l'élément du tableau donné. Dans l'index tu trouveras aussi des informations grammaticales indispensables pour décliner correctement le mot donné.

Si tu ne sais pas ce que veut dire *jabłko* par exemple, en se basant sur les informations comprises dans l'index [T4 A1] tu retrouveras le dessin illustrant la signification de ce mot sur le tableau 4A sous le nº 1.

Si tu veut trouver le correspondant d'un mot en polonais tu dois à l'aide de *Spis tablic* décider à quel sujet il fait référence. Par exemple *une cuiller* peut faire penser à la cuisine et au couvert de table. Alors sur le tableau nº 11 – *Couvert de table/Nakrycia stołowe*, dans la partie C – *Couverts*, sous le nº 3 tu trouveras *łyżka*, c'est-à-dire le correspondant du mot qui t'intéresse.

Si le mot recherché est un verbe, un adjectif, une préposition ou un pronom, tu dois te tourner vers les tableaux de la section grammaticale nº 33–36.

Les nom des pays, de leurs habitants, les adjectifs désignants les nationnalités se trouvent dans l'appendice géographique. La liste des adjectifs numéraux a aussi été placée à part, ainsi que les noms des mesures et des poids.

En regardant le tableau qui t'intéresse tu remarqueras sûrement de nombreux mots liés au même thème. Si tu ne les connais pas, peut être essaieras-tu de les apprendre? Bon courage!

Lieber Leser,

wenn Dir ein polnisches Wort begegnet, dessen Bedeutung Dir unbekannt ist, kannst Du es im alphabetischen Verzeichnis finden. Neben dem Wort ist angegeben, auf welcher Bildtafel es sich befindet. Die Abkürzung T 9B z.B. steht für die Bildtafel Nr. 9, Teil B. Die Nummer hinter dieser Abkürzung gibt die Nummer des Elements auf der angegebenen Tafel an. Im alphabetischen Verzeichnis findest Du ebenfalls die grammatischen Hinweise, die unerlässlich sind, um das betreffende Wort korrekt zu beugen.

Wenn Du z.B. die Bedeutung des Wortes *jabłko* suchst, findest Du mit Hilfe der Informationen im alphabetischen Index [T4 A1] die Zeichnung, die die Bedeutung dieses Wortes darstellt, auf der Bildtafel 4A unter der Nummer 1.

Wenn Du dagegen nicht weißt, mit welchem Wort eine bestimmte Bedeutung im Polnischen widergegeben wird, musst Du das *Verzeichnis der Bildtafeln (Spis tablic)* heranziehen und entscheiden, mit welchem Thema diese Bedeutung in Verbindung steht. Der *Löffel* z.B. wird mit Küche und mit Geschirr und Besteck assoziiert. Dementsprechend findest Du auf der Bildtafel Nr. 11 – *Tischgedeck (Nakrycia stołowe)* – in Teil C – *Besteck (Sztućce)* – unter Nr. 3 das Wort *łyżka*, also die polnische Entsprechung des Dich interessierenden Wortes.

Wenn Du nach einem Verb, Adjektiv, Präposition oder Pronomen suchst, musst Du die Bildtafeln des Grammatikteils heranziehen (Nr. 33–36).

Die Namen von Staaten und die Bezeichnungen ihrer Einwohner sowie Adjektive, die Nationalitäten bezeichnen, befinden sich in einem eigenen geografischen Anhang. Einzeln aufgeführt ist ebenfalls eine List der Grund- und Ordnungszahlen. Hier befinden sich auch die Bezeichnungen für Maße und Gewichte.

Beim Betrachten der Dich interessierenden Bildtafel stößt Du auf viele andere Wörter, die sich auf das übergreifende Thema beziehen. Wenn Du sie noch nicht kennst – vielleicht versuchst Du, sie zu lernen?

Angenehmes Arbeiten wünscht Dir das Autorenteam.

SPIS TABLIC

I. DRZWI

J. OKNO

11 KUCHNIA I NAKRYCIA STOŁOWE

A. KUCHNIA

B. NAKRYCIA STOŁOWE

C. SZTUĆCE

12 JEDZENIE I NAPOJE

A. ARTYKUŁY SPOŻYWCZE

B. NAPOJE

13 POSIŁKI

A. ŚNIADANIE

B. OBIAD

C. PODWIECZOREK

D. KOLACJA

E. RESTAURACJA

14 SPORT – DYSCYPLINY SPORTOWE

A. PIŁKA NOŻNA

B. SIATKÓWKA

C. KOSZYKÓWKA

D. PŁYWANIE

E. TENIS

F. HOKEJ

G. KOLARSTWO

H. NARCIARSTWO

I. ŁYŻWIARSTWO

J. SANECZKARSTWO

K. BOKS

L. KAJAKARSTWO

M. ZAPASY

D. DWORZEC KOLEJOWY
E. SAMOCHÓD – KAROSERIA
F. SAMOCHÓD – FOTEL KIEROWCY
G. ROWER
PODRÓŻ DROGĄ MORSKĄ
H. PORT
I. ŚRODKI LOKOMOCJI WODNEJ
PODRÓŻ DROGĄ POWIETRZNĄ
J. LOTNISKO
K. SAMOLOT
L. PORT LOTNICZY

18 NAZWY ZAWODÓW

19 MIASTO

A. CENTRUM
B. ŚWIATŁA I KIERUNKI
C. SKRZYŻOWANIE

20 HANDEL

A. PIENIĄDZE
B. SKLEPY
C. ZAKUPY

21 WIEŚ I OKOLICA

A. WIEŚ
B. GOSPODARSTWO

22 SZKOŁA

A. KLASA
B. PRZYBORY SZKOLNE
C. FIGURY GEOMETRYCZNE
D. BRYŁY

WSZECHŚWIAT

A ATOM

1. proton
2. neutron
3. elektron

B PLANETY – UKŁAD SŁONECZNY

1. Słońce
2. Merkury
3. Wenus
4. Ziemia
5. Mars
6. Jowisz
7. Saturn
8. Uran
9. Neptun
10. Pluton

C CIAŁA NIEBIESKIE

1. gwiazda
2. planeta
3. księżyc
4. orbita
5. kometa

ŚWIAT

A KULA ZIEMSKA

1. biegun północny
2. biegun południowy
3. Zwrotnik Raka
4. Zwrotnik Koziorożca
5. równik
6. równoleżnik
7. południk

B MAPA – ELEMENTY MAPY

1. wyspa
2. cieśnina
3. półwysep
4. zatoka
5. ujście
6. brzeg
7. rzeka
8. jezioro
9. delta
10. nizina
11. wyżyna
12. góra
13. szczyt

C KOMPAS

1. igła
2. N północ
3. E wschód
4. S południe
5. W zachód
6. NE północny wschód
7. NW północny zachód
8. SE południowy wschód
9. SW południowy zachód

TABLICA 2

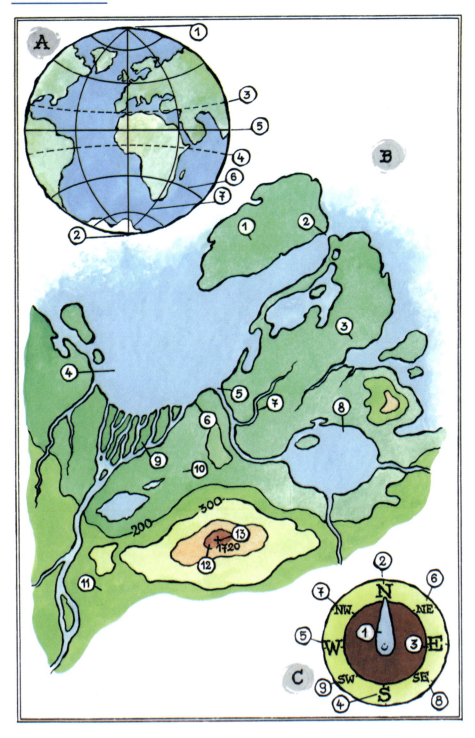

ŚWIAT

D MAPA ŚWIATA – PÓŁKULA ZACHODNIA

1. Ocean Atlantycki
2. Ameryka Północna
3. Grenlandia
4. Kordyliery
5. Missisipi
6. Zatoka Meksykańska
7. Ocean Arktyczny
8. Morze Karaibskie
9. Pacyfik
10. Ameryka Południowa
11. Amazonka
12. Andy
13. Parana
14. Antarktyda

TABLICA 2

ŚWIAT

E MAPA ŚWIATA – PÓŁKULA WSCHODNIA

1. Arktyka
2. Europa
3. Azja
4. Ural
5. Jenisej
6. Gobi
7. Himalaje
8. Żółta Rzeka
9. Morze Żółte
10. Jangcy
11. Morze Czerwone
12. Półwysep Arabski
13. Morze Arabskie
14. Półwysep Indyjski
15. Ganges
16. Zatoka Bengalska
17. Półwysep Indochiński
18. Afryka
19. Sahara
20. Nil
21. Kongo
22. Kalahari
23. Madagaskar
24. Ocean Indyjski
25. Sumatra
26. Borneo
27. Nowa Gwinea
28. Australia
29. Tasmania

ŚWIAT

F EUROPA

1. Półwysep Skandynawski
2. Morze Północne
3. Bałtyk
4. Zatoka Biskajska
5. Ren
6. Karpaty
7. Półwysep Iberyjski
8. Alpy
9. Dunaj
10. Morze Śródziemne
11. Apeniny
12. Półwysep Bałkański
13. Morze Czarne

G POLSKA I JEJ SĄSIEDZI

1. Niemcy
2. Czechy
3. Słowacja
4. Ukraina
5. Białoruś
6. Rosja
7. Szczecin
8. Gdańsk
9. Poznań
10. Warszawa
11. Łódź
12. Wrocław
13. Kraków
14. Odra
15. Wisła
16. kraj
17. granica
18. stolica
19. miasto
20. wieś

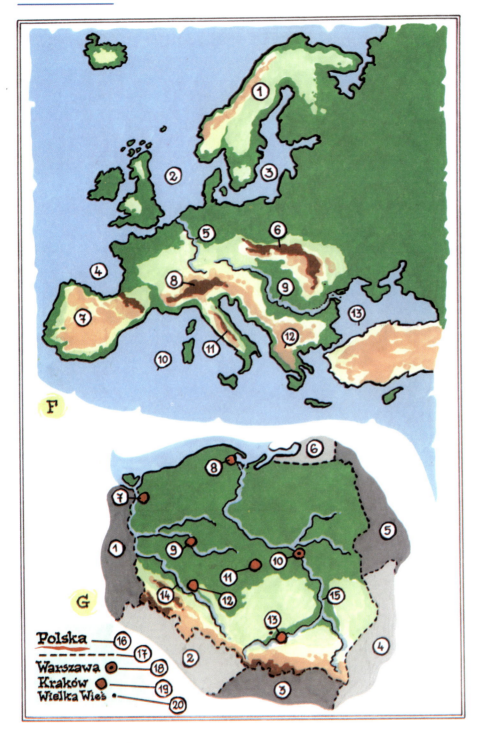

Polska

Warszawa
Kraków
Wielka Wieś

POGODA, PORY ROKU I PRZYRODA

A WIOSNA

B LATO

C JESIEŃ

D ZIMA

E MAPA POGODY

1. słońce
2. zachmurzenie małe
3. zachmurzenie umiarkowane
4. zachmurzenie duże
5. opady deszczu/deszcz
6. opady śniegu/śnieg
7. burza
8. wiatr
9. temperatura

F TERMOMETR

1. rtęć
2. skala
3. temperatura

G PRZYRODA

1. słońce
2. powietrze
3. woda
4. ziemia
5. niebo
6. tęcza
7. wiatr
8. błyskawica
9. chmura

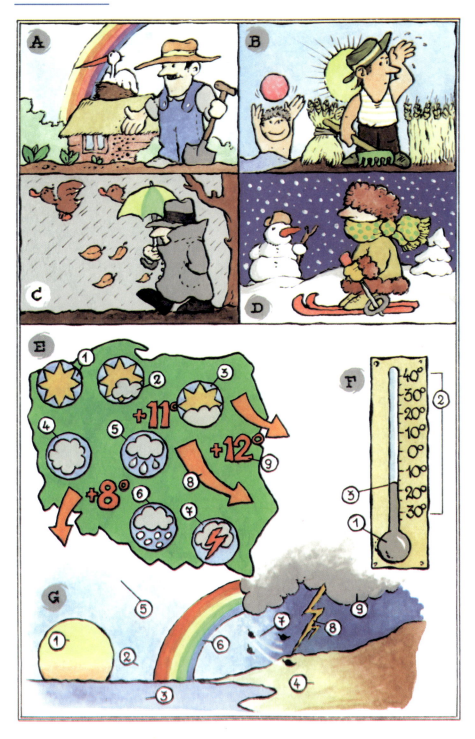

ŚWIAT ROŚLIN

A OWOCE

1. jabłko
2. gruszka
3. śliwka
4. truskawka
5. porzeczka
6. agrest
7. malina
8. czereśnia
9. orzech
10. poziomka
11. jagoda
12. brzoskwinia
13. winogrono
14. banan
15. pomarańcza
16. cytryna
17. ananas
18. grejpfrut

B WARZYWA

1. ziemniak
2. burak
3. papryka
4. marchewka
5. pietruszka
6. por
7. seler
8. kapusta
9. sałata
10. kalafior
11. groch
12. pomidor
13. ogórek
14. cebula
15. rzodkiewka

TABLICA 4

ŚWIAT ROŚLIN

C **ZBOŻA**
1. żyto
2. pszenica
3. jęczmień
4. owies
5. kukurydza

D **KWIATY**
1. róża
2. goździk
3. gerbera
4. żonkil
5. tulipan
6. frezja
7. stokrotka
8. fiołek
9. konwalia
10. słonecznik
11. lilia
12. mak

E **DRZEWA**
1. brzoza
2. dąb
3. klon
4. kasztan
5. wierzba płacząca
6. topola
7. sosna

F **DRZEWO – ELEMENTY DRZEWA**
1. pień
2. gałąź
3. kora
4. liść

G **KWIAT – ELEMENTY KWIATU**
1. łodyga
2. pąk
3. płatek

ŚWIAT ZWIERZĄT

A ZWIERZĘTA DOMOWE

1. pies
2. szczeniak
3. kot
4. kotek
5. koń
6. źrebak
7. krowa
8. cielak
9. baran
10. owca
11. świnia
12. królik
13. kura
14. kogut
15. kurczątko
16. indyk
17. kaczka
18. kaczątko
19. gęś
20. koza

ŚWIAT ZWIERZĄT

B POLSKIE ZWIERZĘTA LEŚNE

1. lis
2. wilk
3. borsuk
4. niedźwiedź
5. żubr
6. ryś
7. łoś
8. sarna
9. jeleń
10. zając
11. wiewiórka
12. jeż
13. mysz
14. dzik

ŚWIAT ZWIERZĄT

C ZWIERZĘTA EGZOTYCZNE

1. lama
2. wielbłąd
3. kangur
4. słoń
5. żyrafa
6. tygrys
7. lew
8. lampart
9. pantera
10. zebra
11. nosorożec
12. małpa
13. hipopotam
14. antylopa
15. foka
16. osioł
17. delfin

D RYBY, GADY, PŁAZY

1. karp
2. rekin
3. węgorz
4. śledź
5. wąż
6. jaszczurka
7. kameleon
8. krokodyl
9. żaba
10. żółw

ŚWIAT ZWIERZĄT

E PTAKI

1. orzeł
2. sowa
3. jastrząb
4. bażant
5. wróbel
6. jaskółka
7. wrona
8. struś
9. pingwin
10. łabędź
11. gołąb
12. papuga
13. paw
14. kanarek
15. bocian
16. dzięcioł

F OWADY

1. mucha
2. pszczoła
3. osa
4. chrząszcz
5. konik polny
6. ważka
7. motyl
8. ćma
9. komar
10. mrówka
11. pająk

TABLICA 5

CZŁOWIEK

A TWARZ

1. włosy
2. czoło
3. brew
4. ucho
5. rzęsa
6. oko
7. nos
8. policzek
9. wąs
10. usta
11. język
12. ząb
13. warga
14. broda

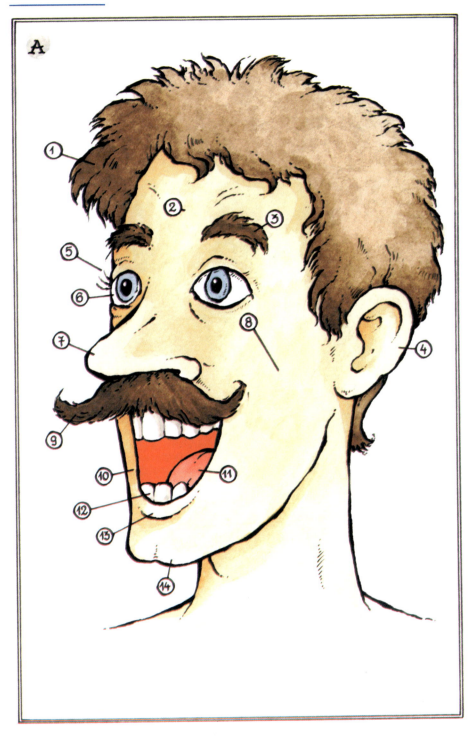

CZŁOWIEK

B SZKIELET

1. czaszka
2. obojczyk
3. mostek
4. żebro
5. kręgosłup
6. miednica
7. kość

C NARZĄDY WEWNĘTRZNE

1. mózg
2. płuco
3. serce
4. mięsień
5. tętnica
6. krew
7. wątroba
8. żołądek
9. jelito
10. nerka
11. pęcherz
12. żyła

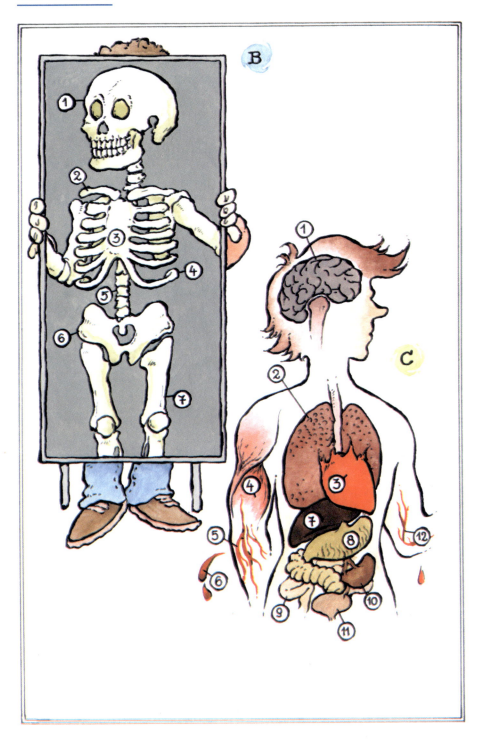

CZŁOWIEK

D CIAŁO LUDZKIE

1. głowa
2. szyja
3. gardło
4. ręka
5. ramię
6. łokieć
7. dłoń
8. palec
9. paznokieć
10. pacha
11. tułów
12. brzuch
13. biodro
14. noga
15. udo
16. kolano
17. łydka
18. stopa
19. kostka
20. pięta
21. kark
22. pierś
23. plecy
24. talia
25. pośladek

LUDZIE

A **DOROŚLI**

1. mężczyzna
2. kobieta
3. staruszek
4. staruszka

B **MŁODZIEŻ**

5. chłopiec
6. dziewczyna

C **DZIECI**

7. niemowlę
8. dziewczynka
9. chłopczyk
10. dziecko

RODZINA

RODZINA ANDRZEJA

1. pradziadek
2. prababcia
3. dziadek
4. babcia
5. teść
6. teściowa
7. ojciec
8. matka
9. wuj
10. ciotka
11. brat
12. siostra
13. kuzyn
14. kuzynka
15. syn
16. synowa
17. córka
18. zięć
19. bratanek
20. bratanica
21. siostrzeniec
22. siostrzenica
23. wnuk
24. wnuczka
25. prawnuk
26. prawnuczka
27. mąż – Andrzej
28. żona – Anna

UBRANIE

A UBRANIE DAMSKIE

1. kapelusz
2. kostium
3. żakiet
4. spódnica
5. bluzka
6. rajstopy
7. półbut
8. czapka
9. sweter
10. płaszcz
11. but
12. sukienka
13. beret
14. golf
15. bluza
16. dżinsy
17. skarpetka
18. adidasy
19. bielizna
20. biustonosz
21. figi
22. halka
23. podkolanówka
24. sandał
25. szlafrok
26. koszula nocna

B DODATKI DAMSKIE

1. pasek
2. torebka
3. apaszka
4. szalik
5. parasolka
6. rękawiczka

C BIŻUTERIA

1. pierścionek
2. kolia
3. bransoletka
4. łańcuszek
5. kolczyk
6. klips

UBRANIE

D UBRANIE I DODATKI MĘSKIE

1. kapelusz
2. płaszcz
3. szalik
4. rękawiczka
5. laska
6. okulary
7. garnitur
8. marynarka
9. kamizelka
10. krawat
11. spodnie
12. koszula
13. kołnierzyk
14. rękaw
15. mankiet
16. kieszeń
17. szorty
18. skarpetka
19. kurtka
20. dżinsy
21. but
22. bielizna
23. slipy
24. podkoszulek
25. piżama

DOM I JEGO URZĄDZENIE

A **DOM I OGRÓD**

1. komin
2. dach
3. antena
4. rynna
5. balkon
6. okno
7. ściana
8. drzwi
9. trawnik
10. ścieżka
11. żywopłot
12. ogrodzenie
13. furtka
14. skrzynka na listy
15. garaż
16. ogród
17. drzewo
18. krzew
19. fontanna
20. klomb
21. kwiat

DOM I JEGO URZĄDZENIE

B PRZEDPOKÓJ

1. lampa
2. zegar
3. pawlacz
4. szafa
5. lustro
6. wazon
7. kwiat
8. półka
9. wieszak
10. wyłącznik
11. drzwi
12. schody
13. chodnik
14. wycieraczka
15. stolik
16. telefon
17. książka telefoniczna

DOM I JEGO URZĄDZENIE

C POKÓJ

1. sufit
2. żyrandol
3. regał
4. akwarium
5. obraz
6. okno
7. ściana
8. barek
9. telewizor
10. radiomagnetofon
11. kominek
12. kaloryfer
13. dywan
14. ława
15. lampa
16. poduszka
17. kanapa
18. fotel
19. krzesło
20. stół
21. popielniczka
22. wazon
23. podłoga

DOM I JEGO URZĄDZENIE

D SYPIALNIA

1. szafa
2. wieszak
3. łóżko
4. lustro
5. toaletka
6. koszula nocna
7. poduszka
8. kołdra
9. prześcieradło
10. materac
11. piżama
12. łóżeczko
13. miś
14. lalka
15. pajacyk
16. grzechotka
17. nocnik
18. śliniak
19. pielucha
20. butelka
21. smoczek

TABLICA 10

73

DOM I JEGO URZĄDZENIE

E ŁAZIENKA I UBIKACJA

1. lustro
2. wieszak
3. ręcznik
4. kabina
5. ubikacja
6. papier toaletowy
7. szczotka
8. umywalka
9. prysznic
10. wanna
11. korek
12. kurek
13. waga
14. dywanik
15. kosz
16. miednica
17. pralka
18. proszek

DOM I JEGO URZĄDZENIE

F KOSMETYKI I PRZYBORY TOALETOWE

1. dezodorant
2. perfumy
3. krem
4. puder
5. szminka
6. tusz
7. cienie do powiek
8. lakier do paznokci
9. szczotka do włosów
10. grzebień
11. spinka do włosów
12. lokówka
13. suszarka
14. mydło
15. gąbka
16. szczoteczka do rąk
17. szczoteczka do zębów
18. pasta do zębów
19. płyn do kąpieli
20. szampon
21. pędzel do golenia
22. krem do golenia
23. maszynka do golenia
24. żyletka
25. elektryczna maszynka do golenia
26. pianka do golenia

DOM I JEGO URZĄDZENIE

G POMIESZCZENIE GOSPODARCZE

1. słoik
2. wek
3. żarówka
4. butelka
5. deska do prasowania
6. żelazko
7. odkurzacz
8. froterka
9. szczotka do ubrania
10. gniazdko
11. konserwa
12. wieszak
13. szufelka
14. drabinka
15. szczotka
16. miotła
17. wiaderko
18. węgiel

H PRZYBORY DO SZYCIA

1. maszyna do szycia
2. igła
3. wełna
4. druty
5. szydełko
6. nici
7. guzik

TABLICA 10

DOM I JEGO URZĄDZENIE

I DRZWI

1. dzwonek
2. zawias
3. wizjer
4. zamek
5. zasuwa
6. klamka
7. klucz
8. łańcuch

J OKNO

1. roleta
2. żaluzja
3. szyba
4. parapet
5. firanka
6. zasłona

KUCHNIA I NAKRYCIA STOŁOWE

A KUCHNIA

1. lodówka
2. sito
3. chochelka
4. wałek
5. tłuczek
6. tasak
7. mikrofalówka
8. toster
9. waga
10. robot
11. patelnia
12. piekarnik
13. pokrywka
14. garnek
15. rondel
16. zmywarka
17. kuchenka
18. forma do pieczenia
19. taca
20. książka kucharska
21. przepis
22. deska do krojenia
23. otwieracz do konserw
24. stół
25. taboret
26. kosz
27. kran
28. zlewozmywak
29. ściereczka
30. płyn do mycia naczyń
31. czajnik
32. otwieracz do butelek
33. korkociąg

KUCHNIA I NAKRYCIA STOŁOWE

B NAKRYCIA STOŁOWE

1. talerz głęboki
2. talerz płytki
3. talerz deserowy
4. szklanka
5. filiżanka
6. spodek
7. dzbanek
8. dzbanuszek
9. kieliszek
10. literatka
11. miska
12. półmisek
13. salaterka
14. waza
15. cukierniczka
16. maselniczka
17. kubek

C SZTUĆCE

1. nóż
2. widelec
3. łyżka
4. łyżeczka

TABLICA 11

JEDZENIE I NAPOJE

A ARTYKUŁY SPOŻYWCZE

1. mleko
2. śmietana
3. jajko
4. ser biały
5. ser żółty
6. serek topiony
7. masło
8. margaryna
9. chleb
10. bułka
11. graham
12. bagietka
13. ciastko

14. cukierek
15. herbatnik
16. pomadka
17. czekolada
18. baton
19. szynka
20. kiełbasa
21. wołowina
22. cielęcina
23. wieprzowina
24. baranina
25. drób

B NAPOJE

1. kawa
2. herbata
3. kakao
4. woda mineralna
5. lemoniada
6. sok owocowy

7. coca-cola
8. piwo
9. wino
10. wódka
11. szampan

POSIŁKI

A **ŚNIADANIE**

1. jajko
2. ser żółty
3. ser biały
4. masło
5. bułka
6. dżem
7. kanapka
8. kiełbasa

B **OBIAD**

1. zupa
2. makaron
3. frytki
4. ziemniaki
5. kurczak
6. sznycel
7. sałatka
8. sól
9. pieprz
10. ciasto

C **PODWIECZOREK**

1. kawa
2. cukier
3. herbata
4. ciastko
5. herbatnik
6. tort
7. ciasto
8. lody

D **KOLACJA**

1. chleb
2. szynka
3. ryba
4. pomidor
5. owoce

POSIŁKI

E RESTAURACJA

1. bar
2. barman
3. barmanka
4. zapalniczka
5. papieros
6. gość
7. kelner
8. rachunek
9. słomka
10. koktajl
11. stolik
12. przyprawy
13. pudełko zapałek
14. zapałka
15. karta

SPORT – DYSCYPLINY SPORTOWE

A PIŁKA NOŻNA

1. stadion
2. trybuna
3. bieżnia
4. boisko
5. sędzia
6. chorągiewka
7. piłka
8. gwizdek
9. piłkarz
10. pomocnik
11. napastnik
12. obrońca
13. bramkarz
14. pole karne
15. pole bramkowe
16. linia

B SIATKÓWKA

1. siatkarz
2. siatka

C KOSZYKÓWKA

1. koszykarz
2. kosz
3. tablica

D PŁYWANIE

1. trampolina
2. słupek
3. basen
4. pływak

E TENIS

1. rakieta
2. tenisista
3. siatka
4. kort

F HOKEJ

1. kask
2. hokeista
3. kij
4. lodowisko
5. krążek

SPORT – DYSCYPLINY SPORTOWE

G KOLARSTWO

1. meta 2. rower 3. kolarz

H NARCIARSTWO

1. trasa 2. gogle 3. narciarz
4. kijek 5. narta

I ŁYŻWIARSTWO

1. łyżwiarz 2. tor 3. łyżwa

J SANECZKARSTWO

1. saneczkarz 2. sanki

K BOKS

1. bokser 2. rękawica 3. ring

L KAJAKARSTWO

1. kajakarz 2. kajak

M ZAPASY

1. zapaśnik 2. mata

N RZUT OSZCZEPEM

1. oszczepnik 2. oszczep

O SKOK O TYCZCE

1. tyczkarz 2. poprzeczka 3. tyczka

P SKOK W DAL

1. skoczek 2. deska 3. piaskownica

R BIEG PRZEZ PŁOTKI

1. bieżnia 2. płotek 3. płotkarz
4. tor 5. blok

S GIMNASTYKA

1. gimnastyk 2. gimnastyczka 3. kozioł
4. równoważnia

T OLIMPIADA

1. zwycięzca 2. medal 3. podium

WAKACJE – REKREACJA

A POLE NAMIOTOWE

1. przyczepa campingowa
2. namiot
3. tropik
4. linka
5. śledź
6. latarka
7. kuchenka gazowa
8. śpiwór
9. materac
10. plecak

B PLAŻA

1. hotel
2. domek campingowy
3. kosz
4. parasol
5. okulary słoneczne
6. kąpielówki
7. koc
8. kostium kąpielowy
9. leżak
10. parawan
11. piasek
12. muszelka
13. kamyk
14. woda
15. fala
16. żaglówka
17. motorówka
18. kajak
19. rower wodny
20. łódka
21. czepek
22. deska surfingowa

GRY, ROZRYWKI I HOBBY

GRY

A SZACHY

1. pole   5. król
2. pionek   6. hetman
3. wieża   7. koń
4. goniec   8. szachownica

B WARCABY

C DOMINO

D KARTY

1. pik   6. as
2. kier   7. król
3. karo   8. dama
4. trefl   9. walet
5. talia

ROZRYWKI

E KINO

1. ekran   4. miejsce
2. widz   5. kabina projekcyjna
3. rząd   6. film

F TEATR

1. scena   8. galeria
2. aktorka   9. loża
3. dekoracja   10. sztuka
4. aktor   11. szatnia
5. kurtyna   12. program
6. reflektor   13. bilet
7. balkon

GRY, ROZRYWKI I HOBBY

G MUZYKA

1. dyrygent
2. batuta
3. partytura
4. orkiestra
5. koncert
6. pięciolinia
7. klucz wiolinowy
8. klucz basowy
9. cala nuta
10. półnuta
11. ćwierćnuta
12. ósemka
13. szesnastka

H INSTRUMENTY MUZYCZNE

1. skrzypce
2. altówka
3. wiolonczela
4. kontrabas
5. flet
6. klarnet
7. obój
8. fagot
9. saksofon
10. waltornia
11. puzon
12. trąbka
13. fortepian

GRY, ROZRYWKI I HOBBY

HOBBY

I KSIĄŻKI

1. biblioteka
2. bibliotekarka
3. czytelnia
4. książka
5. okładka
6. grzbiet
7. autor
8. tytuł
9. zakładka
10. strona
11. gazeta
12. magazyn
13. tekst
14. ilustracja

J FILATELISTYKA

1. znaczek
2. seria
3. klaser
4. pęseta

K FOTOGRAFIA

1. aparat
2. obiektyw
3. migawka
4. film

L AUDIO I VIDEO

1. wypożyczalnia
2. kaseta video
3. kaseta magnetofonowa
4. magnetofon
5. płyta kompaktowa
6. odtwarzacz CD

TRANSPORT I KOMUNIKACJA

PODRÓŻ DROGĄ LĄDOWĄ

A AUTOSTRADA

1. jezdnia
2. estakada
3. zjazd
4. rondo
5. drogowskaz
6. linia przerywana
7. linia ciągła
8. pas ruchu
9. znak drogowy
10. stacja benzynowa
11. dystrybutor

B ŚRODKI TRANSPORTU SAMOCHODOWEGO

1. samochód
2. przyczepa campingowa
3. ciężarówka
4. przyczepa
5. wywrotka
6. autobus
7. samochód kombi
8. furgonetka
9. motor
10. cysterna
11. karetka

C DWORZEC AUTOBUSOWY

1. kasa biletowa
2. rozkład jazdy
3. stanowisko
4. bagaż
5. pasażer
6. kierowca

TRANSPORT I KOMUNIKACJA

D DWORZEC KOLEJOWY

1. dworzec kolejowy
2. kasa biletowa
3. rozkład jazdy
4. przyjazdy pociągów
5. odjazdy pociągów
6. pasażer
7. poczekalnia
8. przechowalnia bagażu
9. informacja
10. peron
11. pociąg
12. wagon
13. lokomotywa
14. maszynista
15. zawiadowca
16. chorągiewka
17. semafor
18. przedział
19. miejsce dla palących
20. miejsce dla niepalących
21. miejsce
22. bilet
23. konduktor

TRANSPORT I KOMUNIKACJA

E SAMOCHÓD – KAROSERIA

1. lusterko
2. antena
3. bagażnik
4. migacz
5. światło stop
6. rejestracja
7. zderzak
8. bak
9. chlapacz
10. rura wydechowa
11. opona
12. silnik
13. reflektor

F SAMOCHÓD – FOTEL KIEROWCY

1. przednia szyba
2. kierownica
3. wycieraczka
4. deska rozdzielcza
5. siedzenie
6. stacyjka
7. sprzęgło
8. hamulec
9. gaz
10. pas
11. hamulec ręczny
12. skrzynia biegów
13. apteczka

G ROWER

1. lusterko
2. hamulec
3. lampa
4. dzwonek
5. błotnik
6. koło
7. szprycha
8. siodełko
9. rama
10. pompka
11. pedał
12. łańcuch
13. bagażnik
14. światło odblaskowe
15. wentyl

TABLICA 17

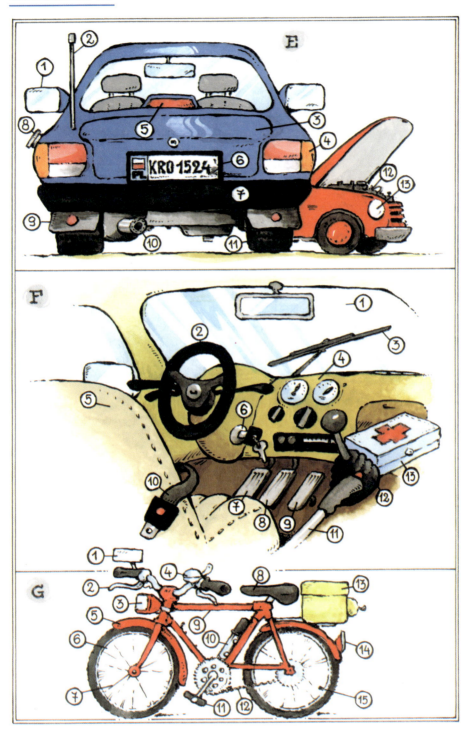

TRANSPORT I KOMUNIKACJA

PODRÓŻ DROGĄ MORSKĄ

H **PORT**

1. reda
2. żuraw
3. nabrzeże
4. ładunek
5. lina
6. dok
7. kotwica
8. statek

I **ŚRODKI LOKOMOCJI WODNEJ**

1. jacht
2. łódka
3. kajak
4. motorówka
5. statek
6. kuter
7. barka
8. prom
9. tankowiec

TABLICA 17

TRANSPORT I KOMUNIKACJA

PODRÓŻ DROGĄ POWIETRZNĄ

J LOTNISKO

1. szybowiec
2. helikopter
3. pas startowy
4. samolot
5. hangar
6. port lotniczy
7. wieża kontroli lotów

K SAMOLOT

1. pilot
2. stewardessa
3. pasażer

L PORT LOTNICZY

1. sala odpraw
2. celnik
3. paszport
4. walizka
5. neseser
6. torba
7. podróżny

NAZWY ZAWODÓW

1. profesor
2. student
3. lekarz
4. pielęgniarka
5. żołnierz
6. kucharz
7. kelner
8. piekarz
9. marynarz
10. rolnik
11. murarz
12. kierowca
13. mechanik
14. ksiądz
15. zakonnica
16. policjant
17. sprzedawca
18. sprzątaczka
19. elektryk
20. stolarz
21. aktor
22. górnik

NAZWY ZAWODÓW

23. malarz
24. pilot
25. listonosz
26. fryzjer
27. dentysta
28. zegarmistrz
29. fotograf
30. rzeźnik
31. sędzia
32. strażak
33. taksówkarz
34. pianista
35. spiker
36. urzędnik
37. sekretarka
38. ogrodnik
39. rzeźbiarz
40. inżynier
41. kominiarz
42. hutnik
43. weterynarz
44. krawiec

TABLICA 18

MIASTO

A CENTRUM

1. fabryka
2. kościół
3. neon
4. reklama
5. klub
6. kiosk
7. parking
8. trawnik
9. ogłoszenie
10. plakat
11. kosz
12. drogowskaz
13. znak drogowy
14. ściek
15. budka telefoniczna
16. stragan
17. ławka
18. sygnalizator
19. latarnia

B ŚWIATŁA I KIERUNKI

1. czerwone
2. żółte
3. zielone
4. prosto
5. w lewo
6. w prawo

MIASTO

C SKRZYŻOWANIE

1. osiedle
2. blok
3. restauracja
4. dom towarowy
5. kino
6. most
7. park
8. wejście
9. wyjście
10. postój taksówek
11. ulica
12. tramwaj
13. przystanek tramwajowy
14. rower
15. autobus
16. samochód
17. przejście
18. przystanek autobusowy
19. reklama
20. ciężarówka
21. krawężnik
22. chodnik
23. kawiarnia

HANDEL

A PIENIĄDZE

1. banknot
2. bilon
3. moneta

B SKLEPY

1. centrum handlowe
2. sklep spożywczy
3. sklep jarzynowy
4. sklep obuwniczy
5. perfumeria
6. sklep odzieżowy
7. dom towarowy
8. wystawa
9. supermarket

C ZAKUPY

1. półka
2. butelka
3. słoik
4. stoisko
5. klient
6. kolejka
7. ekspedientka
8. lada
9. waga
10. kasjerka
11. kasa
12. portmonetka
13. rachunek
14. cena
15. koszyk
16. torba
17. siatka

123

WIEŚ I OKOLICA

A WIEŚ

1. góra
2. strumyk
3. las
4. rzeka
5. kościół
6. cmentarz
7. dom
8. droga
9. staw
10. pastwisko
11. pole
12. strach na wróble
13. snopek
14. ścieżka
15. łąka
16. stóg
17. furmanka

WIEŚ I OKOLICA

B **GOSPODARSTWO**

1. dom
2. stodoła
3. stajnia
4. obora
5. szopa
6. traktor
7. pług
8. ogrodzenie
9. buda
10. studnia
11. trawa
12. kosa
13. sierp
14. kurnik
15. ogród
16. ul
17. sad
18. kombajn

SZKOŁA

A KLASA

1. nauczyciel	10. uczennica
2. tablica	11. ławka
3. zdanie	12. biurko
4. słowo	13. katedra
5. błąd	14. globus
6. kreda	15. mapa
7. gąbka	16. alfabet
8. ścierka	17. litera
9. uczeń	

B PRZYBORY SZKOLNE

1. tornister	11. krzywka
2. plecak	12. cyrkiel
3. zeszyt	13. atrament
4. podręcznik	14. kredka
5. piórnik	15. farbka
6. pióro	16. pędzel
7. długopis	17. gumka
8. linijka	18. klej
9. ekierka	19. nożyczki
10. kątomierz	

SZKOŁA

C **FIGURY GEOMETRYCZNE**

1. okrąg
2. koło
3. kwadrat
4. prostokąt
5. trójkąt

D **BRYŁY**

1. sześcian
2. prostopadłościan
3. ostrosłup
4. kula

E **PRZEDMIOTY SZKOLNE**

1. matematyka
2. biologia
3. fizyka
4. geografia
5. chemia
6. historia
7. język polski
8. wychowanie fizyczne
9. przerwa
10. plan lekcji

F **OCENY**

1. szóstka
2. piątka
3. czwórka
4. trójka
5. dwójka
6. jedynka

TABLICA 22

131

BIURO

1. kalendarz
2. sekretarka
3. urzędnik
4. segregator
5. korespondencja
6. terminarz
7. komputer
8. klawiatura
9. monitor
10. mysz
11. biurko
12. wentylator
13. telefon
14. kalkulator
15. notes
16. drukarka
17. telefon komórkowy
18. faks
19. internet
20. laptop
21. adres e-mailowy
22. dziurkacz
23. zszywacz
24. spinacz
25. teczka

BANK

1. okienko
2. pieniądze
3. wymiana walut
4. kupno
5. sprzedaż
6. ochroniarz
7. alarm
8. bankomat
9. karta
10. depozyt

POCZTA I TELEKOMUNIKACJA

A POCZTA

1. urząd pocztowy
2. skrzynka na listy
3. okienko
4. listonosz
5. urzędniczka
6. pieczątka
7. waga
8. telefon
9. książka telefoniczna
10. karta telefoniczna

B LISTY I PRZESYŁKI

1. papeteria
2. papier listowy
3. koperta
4. znaczek
5. list polecony
6. list lotniczy
7. ekspres
8. widokówka
9. paczka

C LIST ZWYKŁY

1. stempel
2. adres
3. kod
4. imię
5. nazwisko

D BLANKIETY

1. telegram
2. przekaz pocztowy
3. adres pomocniczy

ZDROWIE – OPIEKA ZDROWOTNA

A PRZYCHODNIA

1. rejestracja
2. pacjent

B APTEKA

1. lekarstwo
2. tabletka
3. pigułka
4. krople
5. maść
6. bandaż
7. prestoplastr
8. poloplastr
9. wata
10. ampułka

C GABINET DENTYSTYCZNY

1. dentysta
2. asystentka
3. fotel dentystyczny
4. sonda
5. lusterko
6. kleszcze

D GABINET INTERNISTYCZNY

1. lekarz
2. słuchawki
3. patyk
4. kozetka
5. recepta
6. chory

E GABINET ZABIEGOWY

1. pielęgniarka
2. pacjent
3. strzykawka
4. igła
5. bandaż
6. opatrunek
7. termometr

F SZPITAL

1. karetka
2. sanitariusz
3. nosze
4. chory

139

STRAŻ POŻARNA

1. pożar
2. dym
3. ogień
4. wóz strażacki
5. strażak
6. hełm
7. toporek
8. lina
9. pompa
10. wąż
11. sikawka
12. woda
13. drabina
14. płachta
15. gaśnica

TABLICA 27

141

POLICJA I WOJSKO

A **POLICJA**

1. posterunek
2. policjant
3. mundur
4. czapka
5. pałka
6. przestępca
7. kajdanki
8. pies policyjny
9. kaganiec
10. smycz
11. radiowóz
12. szkło powiększające
13. odciski palców
14. więzienie
15. cela
16. krata
17. strażnik

POLICJA I WOJSKO

B WOJSKO

1. żołnierz
2. oficer
3. marynarz
4. pilot
5. czołg
6. działo
7. wóz pancerny
8. dżip
9. myśliwiec
10. bombowiec
11. spadochron
12. spadochroniarz
13. okręt
14. łódź podwodna
15. lotniskowiec

C BROŃ

1. pistolet maszynowy
2. karabin
3. rewolwer
4. granat
5. kula
6. pocisk
7. rakieta
8. bomba
9. torpeda

WARSZTAT I NARZĘDZIA

A NARZĘDZIA

1. śrubokręt
2. papier ścierny
3. dłuto
4. imadło
5. pilnik
6. scyzoryk
7. klucz
8. młotek
9. kielnia
10. hebel
11. wiertarka ręczna
12. wiertarka elektryczna
13. kombinerki
14. obcęgi
15. piłka do metalu
16. piła do drewna
17. siekierka
18. gwóźdź
19. gwoździk
20. wkręt
21. nożyce

B ŚRUBA

1. gwint
2. podkładka
3. nakrętka

C NARZĘDZIA OGRODOWE

1. widły
2. łopata
3. szpadel
4. motyka
5. grabie
6. taczki
7. pazurki
8. sekator
9. konewka

CZAS

A DNI TYGODNIA

1. poniedziałek
2. wtorek
3. środa
4. czwartek

5. piątek
6. sobota
7. niedziela

B KALENDARZ

1. styczeń
2. luty
3. marzec
4. kwiecień
5. maj
6. czerwiec

7. lipiec
8. sierpień
9. wrzesień
10. październik
11. listopad
12. grudzień

C ZEGARY

1. zegar ścienny
2. zegarek
3. budzik

4. mała wskazówka
5. duża wskazówka
6. sekundnik

D OKREŚLENIA CZASU

1. dziś
2. jutro
3. pojutrze

4. wczoraj
5. przedwczoraj

E PORY DNIA

1. rano
2. popołudnie

3. wieczór
4. noc

F MIARY CZASU

1. sekunda
2. minuta
3. godzina
4. dzień

5. tydzień
6. miesiąc
7. rok

POLSKIE ŚWIĘTA

A BOŻE NARODZENIE

1. choinka
2. bombka
3. łańcuch
4. świeczka
5. gwiazda
6. prezent
7. opłatek
8. kolędnicy
9. anioł
10. diabeł
11. szopka
12. kolęda

B WIELKANOC

1. koszyk
2. pisanka
3. bazie
4. baranek
5. palma
6. śmigus-dyngus

KOLORY

1. biały
2. czarny
3. niebieski
4. żółty
5. czerwony
6. pomarańczowy
7. zielony
8. fioletowy
9. szary
10. różowy
11. brązowy
12. granatowy

CZASOWNIKI

1. stać
2. siedzieć
3. leżeć
4. klęczeć
5. chodzić – iść
6. biegać
7. skakać
8. przewracać się
9. spacerować
10. latać (ptak)
11. lecieć
12. pływać
13. płynąć (statek)
14. jechać
15. wsiadać
16. wysiadać
17. wchodzić
18. wychodzić
19. wjeżdżać
20. wyjeżdżać
21. przechodzić
22. błądzić
23. wracać
24. otwierać
25. zamykać
26. włączać
27. wyłączać
28. zapalać (papierosa)
29. gasić
30. ciągnąć

CZASOWNIKI

31. pchać
32. łapać
33. rzucać
34. trzymać
35. puszczać
36. dawać
37. brać
38. budować
39. burzyć
40. wygrywać
41. przegrywać
42. pukać
43. dzwonić
44. zaczynać
45. kończyć
46. ciąć
47. strzyc
48. drzeć
49. rąbać
50. łamać
51. kroić
52. obierać
53. zrywać
54. zbierać
55. sprzątać
56. prać
57. prasować
58. suszyć
59. zamiatać
60. odkurzać

CZASOWNIKI

61. podlewać
62. czyścić (buty)
63. pakować
64. telefonować
65. spać
66. gimnastykować się
67. budzić się
68. wstawać
69. myć się
70. kąpać się
71. ubierać się
72. czesać się
73. golić się
74. malować się
75. pracować
76. odpoczywać
77. rozbierać się
78. urodzić się
79. nazywać się
80. rosnąć
81. uczyć się
82. studiować
83. brać ślub
84. starzeć się
85. umierać
86. jeść
87. pić
88. gotować
89. smażyć
90. piec

TABLICA 33

159

CZASOWNIKI

91. mieszać
92. dmuchać
93. próbować
94. gryźć
95. solić
96. słodzić
97. nalewać
98. podawać
99. zamawiać
100. częstować
101. dziękować
102. zmywać
103. kupować
104. sprzedawać
105. płacić
106. ważyć
107. kosztować
108. liczyć
109. mnożyć
110. dzielić
111. dodawać
112. odejmować
113. pytać
114. odpowiadać
115. mylić się
116. czytać
117. pisać
118. malować
119. rysować
120. pisać na komputerze

CZASOWNIKI

121. haftować
122. szyć
123. robić na drutach
124. zwiedzać
125. podróżować
126. fotografować
127. żeglować
128. wspinać się
129. grać w tenisa
130. oglądać
131. zbierać (kolekcjonować)
132. grać w karty
133. grać w siatkówkę
134. grać w koszykówkę
135. grać na fortepianie
136. grać na gitarze
137. jeździć na nartach
138. jeździć na wrotkach
139. jeździć na łyżwach
140. jeździć na rowerze
141. jeździć konno
142. prowadzić samochód
143. opalać się
144. śpiewać
145. bawić się
146. tańczyć
147. huśtać się
148. mówić
149. rozmawiać
150. słuchać

CZASOWNIKI

151. krzyczeć
152. chorować
153. badać
154. palić
155. kaszleć
156. kaleczyć się
157. bandażować
158. widzieć
159. płakać
160. śmiać się
161. bać się
162. dziwić się
163. lubić
164. kochać
165. całować
166. obejmować się
167. kłócić się
168. błyskać się
169. padać
170. świecić
171. wiać
172. myśleć
173. marzyć
174. rozumieć
175. modlić się
176. dotykać
177. machać
178. mieszkać
179. pomagać
180. przeszkadzać

PRZYMIOTNIKI

1. ładny
2. brzydki
3. czysty
4. brudny
5. wysoki
6. niski
7. długi
8. krótki
9. duży
10. mały
11. wąski
12. szeroki
13. szczupły
14. tęgi
15. gruby
16. cienki
17. wesoły
18. smutny
19. silny
20. słaby
21. stary
22. młody
23. stary
24. nowy
25. bogaty
26. biedny
27. głodny
28. syty
29. dobry
30. zły
31. lekki
32. ciężki

PRZYMIOTNIKI

33. otwarty
34. zamknięty
35. tani
36. drogi
37. płytki
38. głęboki
39. gorący
40. zimny
41. kwaśny
42. słodki
43. łatwy
44. trudny
45. suchy
46. mokry
47. pełny
48. pusty
49. prosty
50. krzywy
51. tępy
52. ostry
53. szybki
54. wolny
55. jasny
56. ciemny
57. głośny
58. cichy
59. bliski
60. daleki
61. szorstki
62. gładki
63. miękki
64. twardy
65. pierwszy
66. ostatni
67. wolny
68. zajęty

ZAIMKI

A **ZAIMKI OSOBOWE**

1. ja
2. ty
3. on
4. ona
5. ono
6. my
7. wy
8. oni
9. one

B **ZAIMKI DZIERŻAWCZE**

1. mój
2. twój
3. jej
4. jego
5. nasz
6. wasz
7. ich

C **ZAIMKI WSKAZUJĄCE**

1. ten
2. ta
3. to
4. tamten
5. tamta
6. tamto

TABLICA 35

PRZYIMKI

1. na
2. pod
3. nad
4. przed
5. za
6. w
7. obok
8. między
9. przy
10. do
11. z
12. wzdłuż
13. przez

WYKAZ SKRÓTÓW

blm   – rzeczownik nie posiadający liczby mnogiej
blp   – rzeczownik nie posiadający liczby pojedynczej
cz.   – czasownik
D   – dopełniacz
dk   – forma dokonana
ndk   – forma niedokonana
ndm   – rzeczownik nieodmienny
lm   – liczba mnoga
lp   – liczba pojedyncza
M   – mianownik
Msc.   – miejscownik
rm.   – rodzaj męski
rn.   – rodzaj nijaki
rz.   – rzeczownik
rż.   – rodzaj żeński
przyim.   – przyimek
przym.   – przymiotnik
przysł.   – przysłówek
zaim.dzierż – zaimek dzierżawczy
zaim.os.   – zaimek osobowy
zaim wsk.   – zaimek wskazujący
zob.   – zobacz
T 10 C12   – tablica 10 – część C – element 12

INDEKS

asystentka *rz.rż.* D. asystentki Msc. asystentce T 25 C2
   assistant / assistante, *une* / Assistentin, die
atom *rz.rm.* D. atomu Msc. atomie T1 A
   atom / atome, *un* / Atom, das
atrament *rz.rm.* D. atramentu Msc. atramencie T 22 B13
   ink / encre, *une* / Tinte, die
audio *rz.rn. ndm.* T 16 L
   audio / audio/ Audiotechnik, die
autobus *rz.rm.* D. autobusu Msc. autobusie T 17 B6; T 19 C15
   bus / autobus, *un* / Bus, der
autobusowy *przym.* (*zob.* dworzec autobusowy, przystanek autobusowy)
autor *rz.rm.* M. *lm* autorzy D. autora Msc. autorze T 16 I7
   author / auteur, *un* / Autor, der; Verfasser, der
autostrada *rz.rż.* D. autostrady Msc. autostradzie T 17 A
   motorway / autoroute, *une* / Autobahn, die

B

babcia *rz.rż.* D. babci Msc. babci T 8 4
   grandmother / grand-mère, *une* / Großmutter, Oma, die
bać się *cz.ndk.* boję, boisz T 33 161
   be afraid / avoir peur / fürchten (sich), Angst haben
badać *cz.ndk.* badam, badasz T 33 153 zbadać *cz.dk.* zbadam, zbadasz
   examine / examiner / untersuchen, forschen
bagaż *rz.rm.* D. bagażu Msc. bagażu T 17 C4 (*zob.* przechowalnia bagażu)
   luggage / bagage, *un* / Gepäck, das
bagażnik *rz.rm.* D. bagażnika Msc. bagażniku T 17 E3; T 17 G13
   trunk / coffre, *un* / Kofferraum, der
bak *rz.rm.* D. bak Msc. baku T 17 E8
   gasoline-tank / réservoir du carburant, *un* / Tank, der
balkon *rz.rm.* D. balkonu Msc. balkonie T 10 A5; T 16 F7
   balcony / balcon, *un* / Balkon, der
banan *rz.rm.* D. banana Msc. bananie T 4 A14
   banana / banane, *une* / Banane, die
bandaż *rz.rm.* D. bandaża Msc. bandażu T 26 B6; T 26 E5
   bandage / pansement, *un* / Bandage, die; Binde, die
bandażować *cz.ndk.* bandażuję, bandażujesz T 33 157   zabandażować *cz.dk.*
   zabandażuję, zabandażujesz
   bandage / panser / bandagieren, verbinden
bank *rz.rm.* D. banku Msc. banku T 24
   bank / banque, *une* / Bank, die
banknot *rz.rm.* D. banknotu Msc. banknocie T 20 A1
   banknote / billet de banque, *un* / Geldschein, der
bankomat *rz.rm.* D. bankomatu Msc. bankomacie T 24 8
   cash machine / distributeur bancaire, *un* / Bankomat, der
bar *rz.rm.* D. baru Msc. barze T 13 E1
   bar / bar, *un* / Bar, die
baran *rz. rm.* D. barana Msc. baranie T 5 A9
   ram / mouton, *un* / Widder, der
baranek *rz.rm.* D. baranka Msc. baranku T 31 B4
   lamb / agneau, *un* / Lamm, das
baranina *rz.rż.* D. baraniny Msc. baraninie T12 A24
   mutton / viande de mouton, *une* / Hammelfleisch, das

barek *rz.rm.* D. barku Msc. barku T 10 C8
    bar / bar, *un* / Hausbar, Zimmerbar, die
barka *rz.rż.* D. barki Msc. barce T 17 H7
    barge / barque, *une* / Lastschiff, das; Barke, die
barman *rz.rm.* M. *lm* barmani D. barmana Msc. barmanie T 13 E2
    barman / barman, *un* / Barkeeper, der
barmanka *rz.rż.* D. barmanki Msc. barmance T 13 E3
    barmaid / serveuse au bar, *une* / Bardame, die; Barfrau, die; Barmädchen, das
basen *rz.rm.* D. basenu Msc. basenie T 14 D3
    swimming pool / piscine, *une* / Schwimmbecken, das
basowy *przym.* (*zob.* klucz basowy)
baton *rz.rm.* D. batona Msc. batonie T12 A18
    chocolate bar / barre de chocolat, *une* / Riegel, der (Schokoriegel, der)
batuta *rz.rż.* D. batuty Msc. batucie T 16 G2
    baton / baguette, *une* / Taktstock, der
bawić się *cz.ndk.* bawię, bawisz T 33 145 pobawić się *cz.dk.* pobawię się, pobawisz się
    play / jouer / spielen, unterhalten (sich)
bazie *rz.* *blp* D. bazi Msc. baziach T 31 B3
    catkins / chaton, *un* / Weidenkätzchen, das
bażant *rz.rm.* D. bażanta Msc. bażancie T 5 E4
    pheasant / faisan, *un* / Fasan, der
benzynowy *przym.* (*zob.* stacja benzynowa)
beret *rz.rm.* D. beretu Msc. berecie T 9 A13
    beret / béret, *un* / Barett, das; Baskenmütze, die
biały *przym.* bielszy T 32 1 (*zob.* ser biały)
    white / blanc / weiß
biblioteka *rz.rż.* D. biblioteki Msc. bibliotece T 16 I1
    library / bibliothèque, *une* / Bibliothek, die
bibliotekarka *rz.rż.* D. bibliotekarki Msc. bibliotekarce T 16 I2
    librarian / bibliothécaire, *une* / Bibliothekarin, die
biedny *przym.* biedniejszy T 34 26
    poor / pauvre / arm
bieg *rz.rm.* D. biegu Msc. biegu (*zob.* bieg przez płotki, skrzynia biegów)
bieg przez płotki T 14 R
    hurdles / course des haies, *une* / Hürdenlauf, der
biegać *cz.ndk.* biegam, biegasz T33 6 biec *cz.dk.* biegnę, biegniesz
    run / courir / laufen
biegun *rz.rm.* D. bieguna Msc. biegunie (*zob.* biegun południowy, biegun
    północny)
biegun południowy T 2 A2
    South Pole / pôle sud, *un* / Südpol, der
biegun północny T 2 A1
    North Pole / pôle nord, *un* / Nordpol, der
bielizna *rz.rż.* D. bielizny Msc. bieliźnie T 9 A19; T 9 D22
    underwear / lingerie, *une* / Wäsche, die
bieżnia *rz.rż.* D. bieżni Msc. bieżni T 14 A3; T 14 R1
    racetrack / piste, *une* / Rennbahn, die
bilet *rz.rm.* D. biletu Msc. bilecie T 16 F13; T 17 D22
    ticket / billet, *un* / Eintrittskarte, die; Fahrkarte, die
biletowy *przym.* (*zob.* kasa biletowa)
bilon *rz.rm.* D. bilonu Msc. bilonie T 20 A2
    coins / monnaie, *une* / Hartgeld, das

biodro *rz.rn.* D. biodra Msc. biodrze T 6 D13
  hip / hanche, *une* / Hüfte, die
biologia *rz.rż.* D. biologii Msc. biologii T 22 E2
  biology / biologie, *une* / Biologie, die
biurko *rz.rn.* D. biurka Msc. biurku T 22 A12; T 23 11
  desk / table de bureau, *une* / Schreibtisch, der
biuro *rz.rn.* D. biura Msc. biurze T 23
  office / bureau, *un* / Büro, das
biustonosz *rz.rm.* D. biustonosza Msc. biustonoszu T 9 A20
  brassière / soutien-gorge, *un* / Büstenhalter, der
biżuteria *rz.rż.* D. biżuterii Msc. biżuterii T 9 C
  jewellery / bijoux, *un* / Schmuck, der; Juvelen (*Pl.*)
blankiet *rz.rm.* D. blankietu Msc. blankiecie (*zob.* blankiety)
blankiety T 25 D
  forms / formulaires / Formulare, Vordrücke
bliski *przym.* bliższy T 34-59
  near / proche / nah
blok *rz.rm.* D. bloku Msc. bloku T 14 R5; T 19 C2
  block / bloc de départ, *un* / Startblock, der; Wohnblock, der
bluza *rz.rż.* D. bluzy Msc. bluzie T 9 A15
  sweatshirt / blouse, *une* / Hemd, das
bluzka *rz.rż.* D. bluzki Msc. bluzce T 9 A5
  blouse / chemise, *une* / Bluse, die
błąd *rz.rm.* D. błędu Msc. błędzie T 22 A5
  mistake / erreur, *une* / Fehler, der
błądzić *cz.ndk.* bładzę, błądzisz T 33 22 zabłądzić *cz.dk.* zabłądzę, zabłądzisz
  be lost / perdre (se) / (umher-)irren, sich verirren
błotnik *rz.rm.* D. błotnika Msc. błotniku T 17 G5
  fender / garde-boue, *un* / Kotflügel, der
błyskać się *cz.ndk.* błyskam, błyskasz T 33 168 błysnąć się *cz.dk.* błysnę, błyśniesz
  flash of lightning / luire / blitzen
błyskawica *rz.rż.* D. błyskawicy Msc. błyskawicy T 3 G8
  lightning / éclair, *un* / Blitz(strahl), der
bocian *rz.rm.* D. bociana Msc. bocianie T 5 E15
  stork / cigogne, *une* / Storch, der
bogaty *przym.* bogatszy T 34 25
  rich / riche / reich
boisko *rz.rn.* D. boiska Msc. boisku T 14 A4
  sportsfield / stade, *un* / Spielfeld, das
boks *rz.rm.* D. boksu Msc. boksie T 14 K
  boxing / boxe, *une* / Boxsport, der
bokser *rz.rm.* M. *lm* bokserzy D. boksera Msc. bokserze T 14 K1
  boxer / boxeur, *un* / Boxer, der
bomba *rz.rż.* D. bomby Msc. bombie T 28 C8
  bomb / bombe, *une* / Bombe, die
bombka *rz.rż.* D. bombki Msc. bombce T 31 A2
  glass ball / boule, *une* / Glaskugel, die
bombowiec *rz.rm.* D. bombowca Msc. bombowcu T 28 B10
  bomber / bombardier, *un* / Bomber, der
borsuk *rz.rm.* D. borsuka Msc. borsuku T 5 B3
  badger / blaireau, *un* / Dachs, der
Boże Narodzenie T 31 A
  Christmas / Noël (Fêtes de) / Weihnachten (*Pl.*)

boży *przym.* (*zob.* Boże Narodzenie)
brać *cz.ndk.* biorę bierzesz T 33 37
   take / prendre / nehmen
brać ślub T 33-83
   get married / marier (se) / sich trauen lassen
bramkarz *rz.rm.* M. *lm* bramkarze D. bramkarza Msc. bramkarzu T 14 A13
   goalkeeper / gardien de but, *un* / Tormann, der; Torwart, der
bramkowy *przym.* (*zob.* pole bramkowe)
bransoletka *rz.rż.* D. bransoletki Msc. bransoletce T 9 C3
   bracelet / bracelet, *un* / Armband, das
brat *rz.rm.* M. *lm* bracia D. brata Msc. bracie T 8 11
   brother / frère, *un* / Bruder, der
bratanek *rz.rm.* M. *lm* bratankowie D. bratanka Msc. bratanku T 8 19
   nephew / neveu, *un* / Neffe, der
bratanica *rz.rż.* D. bratanicy Msc. bratanicy T 8 20
   niece / nièce, *une* / Nichte, die
brązowy *przym.* bardziej brązowy T 32 11
   brown / brun / braun
brew *rz.rż.* D. brwi Msc. brwi T 6 A3
   eyebrow / sourcil, *un* / Braue, die
broda *rz.rż.* D. brody Msc. brodzie T 6 A14
   beard / barbe, *une* / Kinn, das
broń *rz.rż.* D. broni Msc. broni T 28 C
   weapon / arme, *une* / Waffe, die
brudny *przym.* brudniejszy T 34 4
   dirty / sale / schmutzig, dreckig
bryła *rz.rż.* D. bryle Msc. bryle (*zob.* bryły geometryczne)
bryły geometryczne T 22 D
   solids / volume, *un* / geometrische Körper
brzeg *rz.rm.* D. brzegu Msc. brzegu T 2 B6
   bank / bord, *un* / Ufer, das
brzoskwinia *rz.rż.* D. brzoskwini Msc. brzoskwini T 4 A12
   peach / abricot, *un* / Pfirsich, der
brzoza *rz.rż.* D. brzozy Msc. brzozie T 4 E1
   birch / bouleau, *un* / Birke, die
brzuch *rz.rm.* D. brzucha Msc. brzuchu T 6 D12
   abdomen / ventre, *un* / Bauch, der
brzydki *przym.* brzydszy T 34 2
   ugly / moche / häßlich, scheußlich
buda *rz.rż.* D. budy Msc. budzie T 21 B9
   kennel / niche, *une* / (Hünde-)Hütte, die
budka *rz.rż.* D. budki Msc. budce (*zob.* budka telefoniczna)
budka telefoniczna T 19 A15
   telephone booth, public telephone / cabine téléphonique, *une* / Telefonzelle, die
budować *cz.ndk.* buduję, budujesz T 33 38 zbudować *cz.dk.* zbuduję, zbudujesz
   build / construire / bauen
budzić się *cz.ndk.* budzę, budzisz T 33 67 obudzić się *cz.dk.* obudzę, obudzisz
   wake up / réveiller (se) / aufwachen, erwachen
budzik *rz.rm.* D. budzika Msc. budziku T 30 C1
   alarm clock / réveil, *un* / Wecker, der
bułka *rz.rż.* D. bułki Msc. bułce T13 A5; T12 A10 (*zob.* bułka paryska)
   breadroll / petit-pain, *un* / Brötchen, das

bułka paryska T12 A12
    baguette / baguette, *une* / Baguette, die
burak *rz.rm.* D. buraka Msc. buraku T 4 B2
    beetroot / betterave, *une* / Rübe, die
burza *rz.rż.* D. burzy Msc. burzy T 3 E7
    storm / orage, *un* / Sturm, der; Gewitter, das
burzyć *cz.ndk.* burzę, burzysz T 33 39 zburzyć *cz.dk.* zburzę, zburzysz
    destroy / détruire / niederreißen, zerstören
but *rz.rm.* D. buta Msc. bucie T 9 A11; T 9 D21
    shoe / chaussure, *une* / Schuh, der
butelka *rz.rż.* D. butelki Msc. butelce T 10 G4; T 10 D20; T 20 C2
    bottle / bouteille, *une* / Flasche, die

cała nuta T 16 G9
    note / note ronde, *une* / ganze Note, die
całować *cz.ndk.* całuję, całujesz T 33 165 pocałować *cz.dk.* pocałuję, pocałujesz
    kiss / embrasser / küssen
cały *przym.* (*zob.* cała nuta)
campingowy *przym.* (*zob.* domek campingowy, przyczepa campingowa)
cebula *rz.rż.* D. cebuli Msc. cebuli T 4 B14
    onion / oignon, *un* / Zwiebel, die
cela *rz.rż.* D. celi Msc. celi T 28 A15
    cell / cellule, *une* / Zelle, die
celnik *rz.rm.* M. *lm* celnicy D. celnika Msc. celniku T 17 K2
    customs officer / douanier, *un* / Zollbeamte, der; Zöllner, der
cena *rz.rż.* D. ceny Msc. cenie T 20 C14
    price / prix, *un* / Preis, der
centrum *rz.rn.* D. centrum Msc. centrum T 19 A (*zob.* centrum handlowe)
    centre / centre, *un* / Zentrum, das
centrum handlowe T 20 B1
    shopping centre / centre commercial, *un* /Handelszentrum, das
chemia *rz.rż.* D. chemii Msc. chemii T 22 E5
    chemistry /chemie, *une* / Chemie, die
chlapacz *rz.rm.* D. chlapacza Msc. chlapaczu T 17 E9
    fender / garde-boue, *un* / Schlammschutzklappe, die
chleb *rz.rm.* D. chleba Msc. chlebie T13 C1; T12 A9
    bread / pain, *un* / Brot, das
chłopczyk *rz.rm.* M. *lm* chłopczyki D. chłopczyka Msc. chłopczyku T 7 C9
    little boy / garçonnet, *un* / kleiner Junge; Knabe, der
chłopiec *rz.rm.* M. *lm* chłopcy D. chłopca Msc. chłopcu T 7 B5
    boy / garçon, *un* / Junge, der
chmura *rz.rż.* D. chmury Msc. chmurze T 3 G9
    cloud / nuage, *un* / Wolke, die
chochelka *rz.rż.* D. chochelki Msc. chochelce T 11 A3
    ladle / louche, *une* / Schöpflöffel, der
chodnik *rz.rm.* D. chodnika Msc. chodniku T 10 B13; T 19 C22
    rug, sidewalk / trottoir, *un* / Bürgersteig, der; Gehweg, der
chodzić *cz.ndk.* chodzę chodzisz T 33 5
    go, walk / marcher / gehen
choinka *rz.rż.* D. choinki Msc. choince T 31 A1
    Christmas tree / sapin de Noël, *un* / Weihnachtsbaum, Christbaum, der

chorągiewka *rz.rż.* D. chorągiewki Msc. chrągiewce T 14 A6; T 17 D16
flag / drapeau (petit), *un* / Fähnchen, das
chorować *cz.ndk.* choruję, chorujesz T 33 152 zachorować *cz.dk.* zachoruję,
zachorujesz
be sick / malade (être) / krank sein, leiden
chory *rz.rm.* M. *lm* chorzy D. chorego Msc. chorym T 25 D6; T 25 F4
ill / malade, *un* / Kranke, der
chrząszcz *rz.rm.* D. chrząszcza Msc. chrząszczu T 5 F4
beetle / scarabée, *un* / Käfer, der
ciała niebieskie T 1 C
heavenly bodies / corps astral, *un* / Himmelskörper, der
ciało *rz.rn.* D. ciała Msc. ciele (*zob.* ciała niebieskie, ciało ludzkie)
ciało ludzkie T 6 D
human bodies / corps humain, *un* / Leib, der
ciastko *rz.rn.* D. ciastka Msc. ciastku T12 A13; T13 C4
cake / gâteau, *un* / Kuchenschnitte, die
ciasto *rz.rn.* D. ciasta Msc. cieście T13 B10; T13 C7
cake / pâte, *une* / Teig, der; Kuchen, der
ciąć *cz.ndk.* tnę, tniesz T 33 46 ściąć *cz.dk.* zetnę, zetniesz
cut / couper / schneiden
ciągły *przym.* (*zob.* linia ciągła)
ciągnąć *cz.ndk.* ciągnę, ciągniesz T 33 30 pociągnąć *cz.dk.* pociągnę, pociągniesz
pull / tirer / ziehen
cichy *przym.* cichszy T 34 58
quiet / bas / leise
cielak *rz.rm.* D. cielaka Msc. cielaku T 5 A8
calf / veau, *un* / Kalb, das
cielęcina *rz.rż.* D. cielęciny Msc. cielęcinie T12 A22
veal / viande de veau, *une* / Kalbfleisch, das
ciemny *przym.* ciemniejszy T 34 56
dark / sombre / dunkel
cienie do powiek T 10 F7
eye shadow / ombre à paupières, *une* / Lidschatten, der
cienki *przym.* cieńszy T 34 16
thin / fin / dünn
cień *rz.rm.* D. cienia Msc. cieniu (*zob.* cienie do powiek)
cieśnina *rz.rż.* D. cieśniny Msc. cieśninie T 2 B2
strait / bras de mer, *un* / Meerenge, die
ciężarówka *rz.rż.* D. ciężarówki Msc. ciężarówce T 17 B3; T 19 C20
truck / camion, *un* / Lastkraftwagen, der (LKW, der)
ciężki *przym.* cięższy T 34 32
heavy / lourd / schwer
ciotka *rz.rż.* D. ciotki Msc. ciotce T 8 10
aunt / tante, *une* / Tante, die
cmentarz *rz.rm.* D. cmentarza Msc. cmentarzu T 21 A6
cemetery / cimetière, *un* / Friedhof, der
coca-cola *rz.rż.* D. coca-coli Msc. coca-coli T12 B7
coca-cola / coca-cola, *un* / Coca-cola, das (Coca, das)
córka *rz.rż.* D. córki Msc. córce T 8 17
daughter / fille, *une* / Tochter, die
cukier *rz.rm.* D. cukru Msc. cukrze T 13 C2
sugar / sucre, *un* / Zucker, der

cukierek *rz.rm.* D. cukierka Msc. cukierku T12 A14
  sweet / bonbon, *un* / Bonbon, der
cukiernica *rz.rż.* D. cukiernicy Msc. cukiernicy T 11 B15
  sugar bowl / sucrier, *un* / Zuckerdose, die
cyrkiel *rz.rm.* D. cyrkla Msc. cyrklu T 22 B12
  compass / compas, *un* / Zirkel, der
cysterna *rz.rż.* D. cysterny Msc. cysternie T 17 B10
  cistern / citerne, *une* / Zisterne, die
cytryna *rz.rż.* D. cytryny Msc. cytrynie T 4 A16
  lemon / citron, *un* / Zitrone, die
czajnik *rz.rm.* D. czajnika Msc. czajniku T 11 A31
  kettle / bouillotte, *une* / Teekessel, der
czapka *rz.rż.* D. czapki Msc. czapce T 9 A8; T 28 A4
  cap / bonnet, *un* / Mütze, die
czarny *przym.* czarniejszy T 32 2
  black / noir, / schwarz
czas *rz.rm.* D. czasu Msc. czasie T 30 (*zob.* określenia czasu, miary czasu)
  time / temps, *un* / Zeit, die
czasownik *rz.rm.* D. czasownika Msc. czasowniku T 33
  verb / verbe, *un* / Verb, das
czaszka *rz.rż.* D. czaszki Msc. czaszce T 6 B1
  skull / crâne, *un* / Schädel, der
czekolada *rz.rż.* D. czekolady Msc. czekoladzie T12 A17
  chocolate / chocolat, *un* / Schokolade, die
czepek *rz.rm.* D. czepka Msc. czepku T 15 B21
  cap / bonnet, *un* / Badehaube (Bademütze, Schwimmkappe), die
czereśnia *rz.rż.* D. czereśni Msc. czereśni T 4 A8
  sweet cherry / cerise, *une* / Kirsche, die
czerwiec *rz.rm.* D. czerwca Msc. czerwcu T 30 B6
  June / juin, *un* / Juni, der
czerwony *przym.* czerwieńszy T 32 5 (*zob.* światło czerwone)
  red / rouge / rot
czesać się *cz.ndk.* czeszę, czeszesz T 33 72 uczesać się *cz.dk.* uczeszę, uczeszesz
  comb / coiffer (se) / kämmen, sich
częstować *cz.ndk.* częstuję, częstujesz T 33 100 poczęstować *cz.dk.*
  poczęstuję, poczęstujesz
  treat / régaler / zugreifen
człowiek *rz.rm.* M. *lm* ludzie D. człowieka Msc. człowieku T 6
  man / homme, *un* / Mensch, der
czołg *rz.rm.* D. czołgu Msc. czołgu T 28 B5
  tank / char, *un* / Panzer, der
czoło *rz.rn.* D. czoła Msc. czole T 6 A2
  forehead / front, *un* / Stirn, die
czwartek *rz.rm.* D. czwartku Msc. czwartku T 30 A4
  Thursday / jeudi, *un* / Donnerstag, der
czwórka *rz.rż.* D. czwórki Msc. czwórce T 22 F3
  four / bien (note) / Vier, die (= gut)
czysty *przym.* czyściejszy T 34 3
  clean / propre / sauber, rein
czyścić *cz.ndk.* czyszczę, czyścisz T 33 62 wyczyścić *cz.dk.* wyczyszczę, wyczyścisz
  clean / nettoyer / reinigen, putzen
czytać *cz.ndk.* czytam, czytasz T 33 116 przeczytać *cz.dk.* przeczytam, przeczytasz
  read / lire / lesen

czytelnia *rz.rż.* D. czytelni Msc. czytelni T 16 I3
  reading-room / salle de lecture, *une* / Leseraum, der

ćma *rz.rż.* D. ćmy Msc. ćmie T 5 F8
  moth / papillon de nuit, *un* / Nachtfalter, der
ćwierćnuta *rz.rż.* D. ćwierćnuty Msc. ćwierćnucie T 16 G11
  quarter note / note noire, *une* / Viertelnote, die

dach *rz.rm.* D. dachu Msc. dachu T 10 A2
  roof / toit, *un* / Dach, das
daleki *przym.* dalszy T 34 60
  far / lointain / weit, entfernt
dama *rz.rż.* D. damy Msc. damie T 16 C8
  lady / dame, *une* / Dame, die
damski *przym.* (*zob.* dodatki damskie, ubranie damskie)
dawać *cz.ndk.* daję, dajesz T 33 36 dać *cz.dk.* dam, dasz
  give / donner / geben
dąb *rz.rm.* D. dębu Msc. dębie T 4 E2
  oak / chêne, *un* / Eiche, die
dekoracja *rz.rż.* D. dekoracji Msc. dekoracji T 16 F3
  decoration / décoration, *une* / Dekoration, die; Szenenbild, das
delfin *rz.rm.* D. delfina Msc. delfinie T 5 C17
  dolphin / dauphin, *un* / Delfin, der
delta *rz.rż.* D. delty Msc. delcie T2 B3
  delta / delta, *un* / Delta, das
dentysta *rz.rm.* M. *lm* dentyści D. dentysty Msc. dentyście T 18 27; T 25 C1
  dentist / dentiste, *un* / Zahnarzt, der
dentystyczny *przym.* (*zob.* fotel dentystyczny, gabinet dentystyczny)
depozyt *rz.rm.* D. depozytu Msc. depozycie T 24 10
  deposit / dépôt, *un* / Depositum, das; Leihgabe, die
deska *rz.rż.* D. deski Msc. desce T 14 P2 (*zob.* deska do krojenia, deska do prasowania,
  deska rozdzielcza, deska surfingowa)
  board / planche, *une* / Brett, das
deska do krojenia T 11 A22
  cutting board / planche à couper, *une* / Küchenbrett, das
deska do prasowania T 10 G5
  ironing board / planche à repasser, *une* / Bügelbrett, das
deska rozdzielcza T 17 F4
  dashboard / tableau de bord, *un* / Schalttafel, die
deska surfingowa T 15 B22
  surfboard / planche à voile, *une* / Segelbrett, das
deszcz *rz.rm.* D. deszczu Msc. deszczu T 3 E5
  rain / pluie, *une* / Regen, der
dezodorant *rz.rm.* D. dezodorantu Msc. dezodorancie T 10 F1
  deodorant / déodorant, *un* / Deodorant, das; Deospray, der
diabeł *rz.rm.* M. *lm* diabły D. diabła Msc. diable T 31 A10
  devil / diable, *un* / Teufel, der
dłoń *rz.rż.* D. dłoni Msc. dłoni T 6 D7
  palm / main, *une* / Handfläche, die

długi *przym.* dłuższy T 34 7
  long / long / lang
długopis *rz.rm.* D. długopisu Msc. długopisie T 22 B7
  ballpoint / stylo à bille, *un* / Kugelschreiber, Kuli der
dłuto *rz.rn.* D. dłuta Msc. dłucie T 29 A3
  chisel / burin, *un* / Meißel, die
dmuchać *cz.ndk.* dmucham, dmuchasz T 33 92 dmuchnąć *cz.dk.* dmuchnę,
  dmuchniesz
  blow / souffler / blasen
do *przyim.* T 36 10
  to / à / in, zu
dobry *przym.* lepszy T 34 29
  good / bon / gut
dodatek *rz.rm.* D. dodatku Msc. dodatku (*zob.* dodatki damskie, dodatki męskie)
dodatki damskie T 9 B
  women's accesories / accéssoires féminins / Damenaccessoire, das
dodatki męskie T 9 D
  men's accessories / accéssoires masculins / Herrenaccessoire, das T 9 D
dodawać *cz.ndk.* dodaję, dodajesz T 33 111 dodać *cz.dk.* dodam, dodasz
  add / additionner / addieren
dok *rz.rm.* D. doku Msc. doku T 17 H6
  dock / dock, *un* / Dock, das
dom *rz.rm.* D. domu Msc. domu T 10; T 21; B1; T 21 A7 (*zob.* dom towarowy)
  house / maison, *une* / Haus, das
dom towarowy T 19 C4; T 20 B7
  department store / magasin (grand), *un* / Kaufhaus, das
domek *rz.rm.* D. domku Msc. domku (*zob.* domek campingowy)
domek campingowy T 15 B2
  bungalow / maison de camping, *une* / Bungalow, der
domino *rz.rn.* D. domina Msc. dominie T 16 C
  dominoes / domino, *un* / Domino, das od. der
dorosły *rz.rm.* M. *lm* dorośli D. dorosłego Msc. dorosłym (*zob.* dorośli)
dorośli T 7 A
  adults / adulte, *un* / Erwachsenen
dotykać *cz.ndk.* dotykam, dotykasz T 33 176 dotknąć *cz.dk.* dotknę, dotkniesz
  touch / toucher/ berühren
drabina *rz.rż.* D. drabiny Msc. drabinie T 27 13
  ladder / échelle, *une* / Leiter, die
drabinka *rz.rż.* D. drabinki Msc. drabince T 10 G14
  ladder / échelle (petite), *une* / Leiter, die
drewno *rz.rn.* D. drewna Msc. drewnie (*zob.* piła do drewna)
droga *rz.rż.* D. drogi Msc. drodze T 21 A8
  way / chemin, *un* / Weg, der
drogi *przym.* droższy T 34 36
  expensive / cher / teuer
drogowskaz *rz.rm.* D. drogowskazu Msc. drogowskazie T 17 A5; T 19 A12
  signpost / poteau indicateur, *un* / Wegweiser, der
drogowy *przym.* (*zob.* środki transportu drogowego, znak drogowy)
drób *rz.rm.* D drobiu Msc. drobiu T12 A25
  poultry / volaille, *une* / Geflügel, das
drukarka *rz.rż.* D. drukarki Msc. drukarce T 23 16
  printer / imprimante, *une* / Drucker, der

drut *rz.rm.* D. drutu Msc. drucie (*zob.* druty)
druty T 10 H4 (*zob.* robić na drutach)
  knitting needle / aiguilles à tricoter / Sticknadeln
drzeć *cz.ndk.* drę, drzesz T 33 48 podrzeć *cz.dk.* podrę, podrzesz
  tear / déchirer / zerreißen
drzewo *rz.rn.* D. drzewa Msc. drzewie T 4 E; T 4 F; T 10 A17 (*zob.* elementy drzewa)
  tree / arbre, *un* / Baum, der
drzwi *rz.blp* D. drzwi Msc. drzwiach T 10 A8; T 10 B11; T 10 I
  door / porte, *une* / Tür, die
durszlak *rz.rm.* D. durszlaka Msc. durszlaku T 11 A2
  strainer / passoire, *une* / Durchschlag, der
duża wskazówka T 30 C5
  minute hand / grande aiguille, *une* / Minutenzeiger, der
duży *przym.* większy T 34 9 (*zob.* duża wskazówka)
  large / grand / groß
dworzec *rz.rm.* D dworca Msc. dworcu (*zob.* dworzec autobusowy, dworzec kolejowy)
dworzec autobusowy T 17 C
  bus station / gare de bus, *une* / Busbahnhof, der
dworzec kolejowy T 17 D
  railway station / gare routière, *une* / Bahnhof, der
dwójka *rz.rż.* D. dwójki Msc. dwójce T 22 F5
  two / insuffisant (note) / Zwei, die (= genügend)
dym *rz.rm.* D. dymu Msc. dymie T 27 2
  smoke / fumée, *une* / Rauch, der
dyrygent *rz.rm.* M. *lm* dyrygenci D. dyrygenta Msc. dyrygencie T 16 G1
  conductor / chef d'orchestre, *un* / Dirigent, der
dyscyplina *rz.rż.* D. dyscypliny Msc. dyscyplinie (*zob.* dyscypliny sportowe)
dyscypliny sportowe T 14
  sports / discipline de sport, *une* / Sportarten
dystrybutor *rz.rm.* D. dystrybutora Msc. dystrybutorze T 17 A11
  distributor / distributeur, *un* / Zapfsäule, Tanksäule die
dywan *rz.rm.* D. dywanu Msc. dywanie T 10 C13
  carpet / tapis, *un* / Teppich, der
dywanik *rz.rm.* D. dywanika Msc. dywaniku T 10 E14
  rug / tapis (petit), *un* / Läufer, der
dzbanek *rz.rm.* D. dzbanka Msc. dzbanku T 11 B7
  pitcher / cruche, *une* / Krug, der
dzbanuszek *rz.rm.* D. dzbanuszka Msc. dzbanuszku T 11 B8
  jug / cruchon, *un* / Kännchen, das
dziadek *rz.rm.* M. *lm* dziadkowie D. dziadka Msc. dziadku T 8 3
  grandfather / grand-père, *un* / Großvater, Opa, der
działo *rz.rn.* D. działa Msc. dziale T 28 B6
  cannon / canon, *un* / Geschütz, das; Kanone, die
dzieci T 7 C
  children / enfants / Kinder
dziecko *rz.rn.* M. *lm* dzieci D. dziecka Msc. dziecku T 7 C10 (*zob.* dzieci)
  child / enfant, *un* / Kind, das
dzielić *cz.ndk.* dzielę, dzielisz T 33 110 podzielić *cz.dk.* podzielę, podzielisz
  divide / diviser / teilen
dzień *rz.rm.* D dnia Msc. dniu T 30 F4 (*zob.* pory dnia)
  day / jour, *un* / Tag, der
dzierżawczy *przym.* (*zob.* zaimki dzierżawcze)

dziewczyna *rz.rż.* D. dziewczyny Msc. dziewczynie T 7 B6
   girl / fille, *une* / Mädchen, das
dziewczynka *rz.rż.* D. dziewczynki Msc. dziewczynce T 7 C8
   little girl / fillette, *une* / kleines Mädchen
dzięcioł *rz.rm.* D. dzięcioła Msc. dzieciole T 5 E16
   woodpecker / pivert, *un* / Specht, der
dziękować *cz.ndk.* dziękuję, dziękujesz T 33 101 podziękować *cz.dk.*
   podziękuję, podziękujesz
   thank / remercier / danken, sich bedanken
dzik *rz.rm.* D. dzika Msc. dziku T 5 B14
   wild boar / sanglier, *un* / Wildschwein, das
dziś *przysł.* T 30 D1
   today / aujourd'hui / heute
dziurkacz *rz.rm.* D. dziurkacza Msc. dziurkaczu T 23 22
   punch / emporte-pièces, *un* / Locher, der
dziwić się *cz.ndk.* dziwię się, dziwisz się T 33 162   zdziwić się *cz.dk.* zdziwię się,
   zdziwisz się
   be surprised / étonner (s') / wundern, sich
dzwonek *rz.rm.* D. dzwonka Msc. dzwonku T 17 G4; T 10 I1
   bell / sonette, *une* / Glocke, die
dzwonić *cz.ndk.* dzwonię, dzwonisz T 33 43 zadzwonić *cz.dk.* zadzwonię,
   zadzwonisz
   ring / sonner/ klingeln
dżem *rz.rm.* D. dżemu Msc. dżemie T13 A6
   jam / confiture, *une* / Marmelade, die
dżinsy *rz.blp* D. dżinsów Msc. dżinsach T 9 A16; T 9 D 20
   jeans / jean, *un* / Blue jeans (*Pl.*)
dżip *rz.rm.* D. dżipa Msc. dżipie T 28 B8
   jeep / jeep, *un* / Jeep, Geländewagen, der

egzotyczny *przym.* (*zob.* zwierzęta egzotyczne)
ekierka *rz.rż.* D. ekierki Msc. ekierce T 22 B9
   triangle / équerre, *une* / Dreieck, das; Winkel, der
ekran *rz.rm.* D. ekranu Msc. ekranie T 16 E1
   screen / écran, *un* / Leinwand, die
ekspedientka *rz.rż.* D. ekspedientki Msc. ekspedientce T 20 C7
   saleswoman / vendeuse, *une* / Verkäuferin, die
ekspres *rz.rm.* D. ekspresu Msc. ekspresie T 25 B7
   express / exprès, *un* / Eilbrief, der
elektron *rz.rm.* D. elektronu Msc. elektronie T1 A3
   electron / électron, *un* / Elektron, das
elektryczna maszynka do golenia   T 10 F25
   electric shaver / rasoir électrique, *un* / elektrischer Rasierapparat
elektryczny *przym.* (*zob.* elektryczna maszynka do golenia, wiertarka elektryczna)
elektryk *rz.rm.* M. *lm* elektrycy D. elektryka Msc. elektryku T 18 19
   electrician / électricien, *un* /Elektriker, der
element *rz.rm.* D. elementu Msc. elemencie (*zob.* elementy drzewa, elementy kwiatu,
   elementy mapy)
elementy drzewa T 4G
   tree parts / éléments d'un arbre / Baumteile

elementy kwiatu T 4 F
  flower parts / éléments d'une fleur / Blumenteile
elementy mapy T 2 B
  map parts / éléments d'une carte / Kartenelemente
e-mailowy *przym.* (*zob.* adres e-mailowy)
estakada *rz.rż.* D. estakady Msc. estakadzie T 17 A2
  overpass / viaduc, *un* / Hochstraßenbrücke, Rampenbrücke, die

fabryka *rz.rż.* D. fabryki Msc. fabryce T 19 A1
  factory / usine, *une* / Fabrik, die
fagot *rz.rm.* D. fagotu Msc. fagocie T 16 H8
  bassoon / basson, *un* / Fagot, das
faks *rz.rm.* D. faksu Msc. faksie T 23 18
  fax / fax, *un* / Faxgerät, das
fala *rz.rż.* D. fali Msc. fali T 15 B15
  wave / vague, *une* / Welle, die
farbka *rz.rż.* D. farbki Msc. farbce T 22 B15
  paint / peinture, *une* / Farbe, die
figi *rz.blp* D fig Msc. figach T 9 A21
  briefs / culotte, *une* / (Damen-)Slip, der
figura *rz.rż.* D. figury Msc. figurze (*zob.* figury geometryczne)
figury geometryczne T 22 C
  geometric figures / figures géometriques / Figuren der Geometrie
filatelistyka *rz.rż.* D. filatelistyki Msc. filatelistyce T 16 J
  philately / philatélie, *une* / Philatelie, die
filiżanka *rz.rż.* D. filiżanki Msc. filiżance T 11 B5
  cup / tasse, *une* / Tasse, die
film *rz.rm.* D. filmu Msc. filmie T 16 E6; T 16 K4
  film / film, *un* / Film, der
fioletowy *przym.* bardziej fioletowy T 32 8
  violet / violet / violett
fiołek *rz.rm.* D. fiołka Msc. fiołku T 4 D8
  violet / violette, *une* / Veilchen, das
firanka *rz.rż.* D. firanki Msc. firance T 10 J5
  net curtain / rideau, *un* / Gardine, die
fizyczny *przym.* (*zob.* wychowanie fizyczne)
fizyka *rz.rż.* D. fizyki Msc. fizyce T 22 E3
  physics / physique, *une* / Physik, die
flet *rz.rm.* D. fletu Msc. flecie T 16 H5
  flute / flûte, *une* / Flöte, die
foka *rz.rż.* D. foki Msc. foce T 5 C15
  seal / phoque, *un* / Robbe, die
fontanna *rz.rż.* D. fontanny Msc. fontannie T 10 A19
  fountain / fontaine, *une* / Springbrunnen, der
forma *rz.rż.* D. formy Msc. formie (*zob.* forma do pieczenia)
forma do pieczenia T 11 A18
  mould / moule, *un* / Backform, die
fortepian *rz.rm.* D. fortepianu Msc. fortepianie T 16 H13 (*zob.* grać na
  fortepianie)
  piano / piano, *un* / Flügel, der

fotel *rz.rm.* D. fotela Msc. fotelu T 10 C18 (*zob.* fotel dentystyczny, fotel kierowcy)
  armchair / fauteuil, *un* / Sessel, der
fotel dentystyczny T 25 C3
  dental chair / fauteuil dentaire, *un* / Patientenstuhl, Behandlungsstuhl,
  Zahnarztstuhl, der
fotel kierowcy T 17 F
  driver's chair / fauteuil de chauffeur, *un* / Fahrersitz, der
fotograf *rz.rm.* M. *lm* fotografowie D. fotografa Msc. fotografie T 18 29
  photographer / photographe, *un* / Fotograf, der
fotografia *rz.rż.* D. fotografii Msc. fotografii T 16 K
  photography / photo, *une* / Fotografie, die
fotograficzny *przym.* (*zob.* aparat fotograficzny)
fotografować *cz.ndk.* fotografuję, fotografujesz T 33 126 sfotografować *cz.dk.*
  sfotografuję, sfotografujesz
  photograph / photos (prendre des) / fotografieren
frezja *rz.rż.* D. frezji Msc. frezji T 4 D6
  freesia / frésia, *un* / Freesie, die
froterka *rz.rż.* D. froterki Msc. froterce T 10 G8
  floor-polisher / frotteuse, *une* / Bohnermaschine, die; Bohner, der
frytka *rz.rż.* D. frytki Msc. frytce T13 B3
  french fry / frite, *une* / Pommes frites (*Pl.*)
fryzjer *rz.rm.* M. *lm* fryzjerzy D. fryzjera Msc. fryzjerze T 18 26
  hairdresser / coiffeur, *un* / Friseur, der
furgonetka *rz.rż.* D. furgonetki Msc. furgonetce T 17 B8
  delivery van / fourgonette, *une* / Lieferwagen, der
furmanka *rz.rż.* D. furmanki Msc. furmance T 21 A17
  cart / charrette, *une* / Fuhrwerk, das
furtka *rz.rż.* D. furtki Msc. furtce T 10 A13
  gate / portillon, *un* / Pforte, die; Gartentor, das

gabinet *rz.rm.* D. gabinetu Msc. gabinecie (*zob.* gabinet dentystyczny,
  gabinet internistyczny, gabinet zabiegowy)
gabinet dentystyczny T 25 C
  dental office / cabinet dentaire, *un* / Zahnarztpraxis, die
gabinet internistyczny T 25 D
  internist's office / cabinet de médecin, *un* / Internistenzimmer, das
gabinet zabiegowy T 25 E
  emergency room / infirmerie, *une* / Behandlungszimmer, das
gad *rz.rm.* D. gada Msc. gadzie T 5 D
  reptile / reptile, *un* / Reptil, das
galeria *rz.rż.* D. galerii Msc. galerii T 16 F8
  gallery / galerie, *une* / Galerie, die
gałąź *rz.rż.* D. gałęzi Msc. gałęzi T 4 F2
  branch / branche, *une* / Zweig, der
garaż *rz.rm.* D. garażu Msc. garażu T 10 A15
  garage / garage, *un* / Garage, die
gardło *rz.rm.* D. gardła Msc. gardle T 6 D3
  throat / gorge, *une* / Kehle, die
garnek *rz.rm.* D. garnka Msc. garnku T 11 A14
  pot / casserole, *une* / Topf, der

gasić *cz.ndk.* gaszę, gasisz T 33 29 zgasić *cz.dk.* zgaszę, zgasisz
  extinguish / éteindre / löschen
gaśnica *rz.rż.* D. gaśnicy Msc. gaśnicy T 27 15
  extinguisher / extincteur, *un* / Feuerlöscher, der
gaz *rz.rm.* D. gazu Msc. gazie (*zob.* pedał gazu)
gazeta *rz.rż.* D. gazety Msc. gazecie T 16 I11
  newspaper / journal, *un* / Zeitung, die
gazowy *przym.* (*zob.* kuchenka gazowa)
gąbka *rz.rż.* D. gąbki Msc. gąbce T 10 F15; T 22 A7
  sponge / éponge, *une* / Schwamm, der
geografia *rz.rż.* D. geografii Msc. geografii T 22 E4
  geography / géographie, *une* / Erdkunde, Geographie, die
geometryczny *przym.* (*zob.* figury geometryczne, bryły geometryczne)
gerbera *rz.rż.* D. gerbery Msc. gerberze T 4 D3
  gerbera / gerbera, *un* / Kapmargerite, die
gęś *rz.rż.* D. gęsi Msc. gęsi T 5 A19
  goose / oie, *une* / Gans, die
gimnastyczka *rz.rż.* D. gimnastyczki Msc. gimnastyczce T 14 S2
  gymnast / gymnaste, *une* / Turnerin, die
gimnastyk *rz.rm.* M. *lm* gimnastycy D. gimnastyka Msc. gimnastyku T 14 S1
  gymnast / gymnaste, *un* / Turner, der
gimnastyka *rz.rż.* D. gimnastyki Msc. gimnastyce T 14 S
  gymnastics / gymnastique, *une* / Turnen, das; Gymnastik, die
gimnastykować się *cz.ndk.* gimnastykuję, gimnastykujesz T 33 66 pogimnastykować się
  cz.dk. pogimnastykuję, pogimnastykujesz
  do exercise / gymnastique (faire de la) / turnen
gitara *rz.rż.* D. gitary Msc. gitarze (*zob.* grać na gitarze)
globus *rz.rm.* D. globusa Msc. globusie T 22 A14
  globe / globe, *un* / Globus, der
gładki *przym.* gładszy T 34 62
  smooth / lisse / glatt
głęboki *przym.* głębszy T 34 38 (*zob.* talerz głęboki)
  deep / profond / tief
głodny *przym.* głodniejszy T 34 27
  hungry / affammé / hungrig
głośny *przym.* głośniejszy T 34 57
  loud / bruyant / laut
głowa *rz.rż.* D. głowy Msc. głowie T 6 D1
  head / tête, *une* / Kopf, der
gniazdko *rz.rn.* D. gniazdka Msc. gniazdku T 10 G10
  outlet / prise decourant, *une* / Stomanschluß, der; Steckclose, die
godzina *rz.rż.* D. godziny Msc. godzinie T 30 F3
  hour / heure, *une* / Stunde, die
gogle *rz.blp* D. gogli Msc. goglach T 14 H2
  goggles / lunettes de ski / Schneebrille, die
golenie *rz.rn.* D. golenia Msc. goleniu (*zob.* pędzel do golenia, maszynka
  do golenia, krem do golenia, pianka do golenia, elektryczna maszynka
  do golenia)
golić się *cz.ndk.* golę, golisz T 33 73 ogolić się *cz.dk.* ogolę, ogolisz
  shave / raser (se) / rasieren, sich
gołąb *rz.rm.* D. gołębia Msc. gołębiu T 5 E11
  pigeon / pigeon, *un* / Taube, die

goniec *rz.rm.* D. gońca Msc. gońcu T 16 A4
  bishop (*chess*) / fou, *un* (*échecs*) / Läufer, der
gorący *przym.* gorętszy T 34 39
  hot / chaud / heiß
gospodarczy *przym.* (*zob.* pomieszczenie gospodarcze)
gospodarstwo *rz.rn.* D. gospodarstwa Msc. gospodarstwie T 21 B
  farm / ferme, *une* / Bauernhof, der
gość *rz.rm.* M. *lm* goście D. gościa Msc. gościu T 13 E6
  guest / visiteur, *un* / Gast, der
gotować *cz.ndk.* gotuję, gotujesz T 33 88 ugotować *cz.dk.* ugotuję, ugotujesz
  cook / cuisiner / kochen
goździk *rz.rm.* D. goździka Msc. goździku T 4 D2
  carnation / oeillet, *un* / Nelke, die
góra *rz.rż.* D. góry Msc. górze T 2 B12; T 21A1
  mountain / montagne, *une* / Berg, der; Gebirge, das
górnik *rz.rm.* M. *lm* górnicy D. górnika Msc. górniku T 18 22
  miner / mineur, *un* / Bergmann, der
gra *rz.rż.* D gry Msc. grze (*zob.* gry)
grabie *rz.blp* D. grabi Msc. grabiach T 29 C5
  rake / râteau, *un* / Harke, die
grać *cz.ndk.* gram, grasz T33 129 zagrać *cz.dk.* zagram, zagrasz
  play / jouer / spielen
grać na fortepianie T 33 135
  play the piano / jouer du piano / Klavier spielen
grać na gitarze T 33 136
  play the guitar / jouer de la guitare / Gitarre spielen
grać w karty T 33 132
  play cards / jouer aux cartes / Karten spielen
grać w koszykówkę T 33 134
  play basketball / jouer au basket-ball / Basketball spielen
grać w siatkówkę T 33 133
  play volleyball / jouer au volley-ball / Volleyball spielen
grać w tenisa T 33 129
  play tennis / jouer au tennis / Tennis spielen
graham *rz.rm.* D. grahama Msc. grahamie T12 A11
  graham bread /pain complet, *un* / Grahambrot, das
granat *rz.rm.* D. granatu Msc. granacie T 28 C4
  grenade / grenade, *une* / Granate, die
granatowy *przym.* bardziej granatowy T 32 12
  navy blue / bleu marine / dunkelblau
granica *rz.rż.* D. granicy Msc. granicy T 2 E18
  border / frontière, *une* / Grenze, die
grejpfrut *rz.rm.* D. grejpfruta Msc. grejpfrucie T 4 A18
  grapefruit / pamplemousse, *un* / Grapefruit, die
groch *rz.rm.* D. grochu Msc. grochu T 4 B11
  peas / pois, *un* / Erbse, die
gruby *przym.* grubszy T 34 15
  thick / gros / dick
grudzień *rz.rm.* D. grudniu Msc. grudnia T 30 B12
  December / décembre, *un* / Dezember, der
gruszka *rz.rż.* D. gruszki Msc. gruszce T 4 A2
  pear / poire, *une* / Birne, die

gry T 16
  games / jeux / Spiele (*Pl.*)
gryźć *cz.ndk.* gryzę, gryziesz T 33 94 ugryźć *cz.dk.* ugryzę, ugryziesz
  bite / mordre / beißen
grzbiet *rz.rm.* D. grzbietu Msc. grzbiecie T 16 I6
  spine / dos, *un* / Rücken, der
grzebień *rz.rm.* D. grzebienia Msc. grzebieniu T 10 F10
  comb / peigne, *un* / Kamm, der
grzechotka *rz.rż.* D. grzechotki Msc. grzechotce T 10 D16
  rattle / cliquette, *une* / Knarre, Klapper, die
gumka *rz.rż.* D. gumki Msc. gumce T 22 B17
  eraser / gomme, *une* / Radiergummi, der
guzik *rz.rm.* D. guzika Msc. guziku T 10 H7
  button / bouton, *un* / Knopf, der
gwiazda *rz.rż.* D. gwiazdy Msc. gwieździe T 1 C1; T 31 A5
  star / étoile, *une* / Stern, der
gwint *rz.rm.* D. gwinta Msc. gwincie T 29 B1
  thread / filet de vis, *un* / Gewinde, das
gwizdek *rz.rm.* D. gwizdka Msc. gwizdku T 14 A8
  whistle / sifflet, *un* / Pfeife, die
gwoździk *rz.rm.* D. gwoździka Msc. gwoździku T 29 A19
  nail / clou (petit), *un* / Stift, der
gwóźdź *rz.rm.* D. gwoździa Msc. gwoździu T 29 A18
  nail / clou, *un* / Nagel, der

haftować *cz.ndk.* haftuję, haftujesz T 33 121 wyhaftować *cz.dk.* wyhaftuję,
  wyhaftujesz
  embroider / broder / sticken
halka *rz.rż.* D. halki Msc.halce T 9 A22
  petticoat / combinaison, *une* / Unterrock, der
hamulec *rz.rm.* D. hamulca Msc. hamulcu T 17 F8; T 17 G2 (*zob.* hamulec ręczny)
  brake / frein, *un* / Bremse, die
hamulec ręczny T 17 F11
  hand brake / frein à main, *un* / Handbremse, die
handel *rz.rm.* D. handlu Msc. handlu T 20
  trade / commerce, *une* / Handel, der
handlowy *przym.* (*zob.* centrum handlowe)
hangar *rz.rm.* D. hangara Msc. hangarze T 17 J5
  hangar / hangar, *un* / Flugzeughalle, die
hebel *rz.rm.* D. hebla Msc. heblu T 29 A10
  plane / rabot, *un* / Hobel, der
helikopter *rz.rm.* D. helikoptera Msc. helikopterze T 17 J2
  helicopter / hélicoptère, *un* / Hubschrauber, der
hełm *rz.rm.* D. hełmu Msc. hełmie T 27 6
  helmet / heaume, *un* / Helm, der
herbata *rz.rż.* D. herbaty Msc. herbacie T12 B2; T13 C3
  tea / thé, *un* / Tee, der
herbatnik *rz.rm.* D. herbatnika Msc. herbatniku T12 A15; T13 C5
  cookie / biscotte, *une* / Teegebäck, das; Keks, das
hetman *rz.rm.* D. hetmana Msc. hetmanie T 16 A6
  queen (*chess*) / dame, *une* (*échecs*) / Schachkönigin, die

hipopotam *rz.rm.* D. hipopotama Msc. hipopotamie T 5 C13
   hippopotamus / hippopotame, *un* / Flußpferd, Nilpferd, das
historia *rz.rż.* D. historii Msc. historii T 22 E6
   history / histoire, *une* / Geschichte, die
hobby *rz.rn. ndm.* T 16
   hobby / hobby, *un* / Hobby, das
hokeista *rz.rm.* M. *lm* hokeiści D. hokeisty Msc. hokeiście T 14 F2
   hockey player / hockeyeur, *un* / Hockeyspieler, der
hokej *rz.rm.* D. hokeja Msc. hokeju T 14 F
   hockey / hockey, *un* / Hockey, das
hotel *rz.rm.* D. hotelu Msc. hotelu T 15 B1
   hotel / hôtel, *un* / Hotel, das
huśtać się *cz.ndk.* huśtam, huśtasz T 33 147 pohuśtać się *cz.dk.* pohuśtam,
   pohuśtasz
   swing / balancer / schaukeln
hutnik *rz.rm.* M. *lm* hutnicy D. hutnika Msc. hutniku T 18 42
   steel worker / métallurgiste, *un* / Hüttenarbeiter, (Stahl-)Schmelzer, der

ich *zaim.dzierż.* T 35 B7
   their / leur / ihre
igła *rz.rż.* D. igły Msc. igle   T 2 C1;   T 10 H2; T 25 E4
   needle / aiguille, *une* / Nadel, die
ilustracja *rz.rż.* D. ilustracji Msc. ilustracji T 16 I14
   illustration / illustration, *une* / Illustration, die
imadło *rz.rn.* D. imadła Msc. imadle T 29 A4
   vise / étau, *un* / Schraubstock, Spannstock, der; Klemme, die
imię *rz.rn.* D imienia Msc. imieniu T 25 C4
   name / prénom, *un* / Name, der
indyk *rz.rm.* D. indyka Msc. indyku T 5 A16
   turkey / dinde, *une* / Truthahn, Putter, der
informacja *rz.rż.* D. informacji Msc. informacji T 17 D9
   information / information, *une* / Information, die
instrument *rz.rm.* D. instrumentu Msc. instrumencie (*zob.* instrumenty muzyczne)
instrumenty muzyczne T 16 H
   musical instruments / instruments de musique / Musikinstrumente
internet *rz.rm.* D. internetu Msc. internecie T 23 19
   Internet / internet, *un* / Internet, das
internistyczny *przym.* (*zob.* gabinet internistyczny)
inżynier *rz.rm.* M. *lm* inżynierowie D. inżyniera Msc. inżynierze T 18 40
   engineer / ingénieur, *un* / Ingenieur, der

ja *zaim.os.* T 35 A1
   I / je / ich
jacht *rz.rm.* D. jachtu Msc. jachcie T 17 I1
   yacht / yacht, *un* / Jacht, die
jagoda *rz.rż.* D. jagody Mcs. jagodzie T 4 A11
   berry / myrtille, *une* / Beere, die; Beerenobst, das
jajko *rz.rn.* D. jajka Msc. jajku T13 A1; T12 A3
   egg / oeuf, *un* / Ei, das

jarzynowy *przym.* (*zob.* sklep jarzynowy)

jaskółka *rz.rż.* D. jaskółki Msc. jaskółce T 5 E6
   swallow / hirondelle, *une* / Schwalbe, die

jasny *przym.* jaśniejszy T 34 55
   bright / clair / hell

jastrząb *rz.rm.* D. jastrzębia Msc. jastrzębiu T 5 E3
   goshawk / autour, *un* /Habicht, der

jaszczurka *rz.rż.* D. jaszczurki Msc. jaszczurce T 5 C6
   lizard / lézard, *un* / Eidechse, die

jazda *rz.rż.* D. jazdy Msc. jeździe (*zob.* rozkład jazdy)

jechać *cz.ndk.* jadę, jedziesz T 33 14 pojechać *cz.dk.* pojadę, pojedziesz
   go / aller / fahren

jedynka *rz.rż.* D. jedynki Msc. jedynce T 22 F6
   one, fail / zéro (note) / Eins, die (= ungenügend)

jedzenie *rz.rn.* D. jedzenia Msc. jedzeniu T12
   food / nourriture, *une* / Essen, das

jego *zaim.dzierż.* T 35 B4
   his / son / sein, seine

jej *zaim.dzierż.* T 35 B3
   her / son /ihr, ihre

jeleń *rz.rm.* D. jelenia Msc. jeleniu T 5 B9
   deer / cerf, *un* / Hirsch, der

jelito *rz.rn.* D. jelita Msc. jelicie T 6 C 9
   intestine / intestin, *un* / Darm, der

jesień *rz.rż.* D. jesieni Msc. jesieni T 3 C
   fall / automne, *un* / Herbst, der

jeść *cz.ndk.* jem, jesz T 33 86 zjeść *cz.dk.* zjem, zjesz
   eat / manger / essen

jezdnia *rz.rż.* D. jezdni Msc. jezdni T 17 A1
   roadway / chaussée, *une* / Straße, die

jezioro *rz.rn.* D. jeziora Msc. jeziorze T 2 B8
   lake / lac, *un* / See, der

jeździć *cz.ndk.* jeżdżę, jeździsz, T33 137 141 pojeździć *cz.dk.* po jeżdżę, pojeździsz
   go / aller / fahren

jeździć konno T 33 141
   ride a horse, go riding / faire du cheval / reiten

jeździć na łyżwach T 33 139
   skate / faire du patin à glace / Schlittschuh laufen/fahren

jeździć na nartach T 33 137
   ski / faire du ski / Schi (Ski) laufen/ fahren

jeździć na rolkach T 33 138
   rollerblade / faire du roller / Rollschuh laufen

jeździć na rowerze T 33 140
   ride a bicycle / faire du vélo / radfahren, auf einem Fahrrad fahren

jeż *rz.rm.* D. jeża Msc. jeżu T 5 B12
   hedgehog / hérisson, *un* / Igel, der

jęczmień *rz.rm.* D. jęczmienia Msc. jęczmieniu T 4 C3
   barley / orge, *une* / Gerste, die

język *rz.rm.* D. języka Msc. języku T 6 A11 (*zob.* język polski)
   tongue / langue, *une* / Zunge, die

język polski T 22 E7
   Polish / langue polonaise, *une* / polnische Sprache; Polnisch, das

Jowisz *rz.rm.* D. Jowiszu Msc. Jowiszu T1 B6
  Jupiter / Jupiter / Jupiter, der
jutro *przysł.* T 30 D2
  tomorrow / demain / morgen

kabina *rz.rż.* D. kabiny Msc. kabinie (*zob.* kabina projekcyjna, kabina prysznicowa)
kabina projekcyjna T 16 E5
  projection room / cabine de projection, *une* / Vorführkabine, die
kabina prysznicowa T 10 E4
  shower cubicle / cabine de douche, *une* / Duschkabine, die
kaczątko *rz.rn.* D. kaczątka Msc. kaczątku T 5 A18
  duckling / caneton, *un* / Entlein, das
kaczka *rz.rż.* D. kaczki Msc. kaczce T 5 A17
  duck / cannard, *un* / Ente, die
kaganiec *rz.rm.* D. kagańca Msc. kagańcu T 28 A9
  muzzle / muselière, *une* / Maulkorb, der
kajak *rz.rm.* D. kajaka Msc. kajaku T 15 B21; T 14 L2; T 17 H3
  canoe / kayac, *un* / Kajak, der; Paddelboot, das
kajakarstwo *rz.rn.* D. kajakarstwa Msc. kajakarstwie T 14 L
  canoeing / kayac (faire du) / Kanusport, der
kajakarz *rz.rm.* M. *lm* kajakarze D. kajakarza Msc. kajakarzu T 14 L1
  canoeist / canoéiste, *un* / Kanute, der
kajdanki *rz.blp* D. kajdanek Msc. kajdankach T 28 A7
  handcuffs / menottes / Handschellen (*Pl.*)
kakao *rz.rn.* *ndm.* T12 B3
  cocoa / cacao, *un* / Kakao, der
kalafior *rz.rm.* D. kalafiora Msc. kalafiorze T 4 B10
  cauliflower / choufleur, *un* / Blumenkohl, der
kaleczyć się *cz.ndk.* kaleczę, kaleczysz T 33 156 skaleczyć się *cz.dk.* skaleczę,
  skaleczysz
  get hurt / blesser (se) / verletzen, sich
kalendarz *rz.rm.* D. kalendarza Msc. kalendarzu T 23 1; T 30 B
  calendar / calandrier, *un* / Kalender, der
kalkulator *rz.rm.* D. kalkulatora Msc. kalkulatorze T 23 14
  calculator / calculatrice, *une* / Kalkulator, Rechner, der
kaloryfer *rz.rm.* D. kaloryfera Msc. kaloryferze T 10 C12
  radiator / radiateur, *un* / Heizkörper, der
kameleon *rz.rm.* D. kameleona Msc. kameleonie T 5 D7
  chameleon / caméléon, *un* / Chamäleon, das
kamizelka *rz.rż.* D. kamizelki Msc. kamizelce T 9 D9
  vest / gilet, *un* / Weste, die
kamyk *rz.rm.* D. kamyka Msc. kamyku T 15 B13
  stone / caillou, *un* / Stein, der
kanapa *rz.rż.* D. kanapy Msc. kanapie T 10 C17
  sofa / canapé, *un* / Sofa, Kanapee, das
kanapka *rz.rż.* D. kanapki Msc. kanapce T13 A7
  sandwich / tartine, *une* / belegtes Brötchen, Sandwich, das
kanarek *rz.rm.* D. kanarka Msc. kanarku T 5 E14
  canary / canari, *un* / Kanarienvogel, der
kangur *rz.rm.* D. kangura Msc. kangurze T 5 C3
  kangaroo / kangourou, *un* / Känguruh, das

kapelusz *rz.rm.* D. kapelusza Msc. kapeluszu T 9 A1; T 9 D1
   hat / chapeau, *un* / Hut, der
kapusta *rz.rż.* D. kapusty Msc. kapuście T 4 B8
   cabbage / chou, *un* / Kohl, der
karabin *rz.rm.* D. karabinu Msc. karabinie T 28 C2
   gun / fusil, *un* / Gewehr, das
karetka *rz.rż.* D. karetki Msc. karetce T 17 B11; T 25 F1
   ambulance / ambulance, *une* / Rettungswagen, der
kark *rz.rm.* D. karku Msc. karku T 6 D21
   nape / nuque, *une* / Nacken, der; Genick, das
karny *przym.* (*zob.* pole karne)
karo *rz.rn.* D. kara Msc. karze T 16 D3
   diamonds / carreau, *un* / Karo, das
karoseria *rz.rż.* D. karoserii Msc. karoserii T 17 E
   body / carosserie, *une* / Karosserie, die
karp *rz.rm.* D. karpia Msc. karpiu T 5 D1
   carp / carpe, *une* / Karpfen, der
karta *rz.rż.* D. karty Msc. karcie T 13 E15; T 24 9 (*zob.* karty, karta telefoniczna)
   card / carte, *une* / Karte, die
karta telefoniczna T 25 10
   phonecard / carte téléphonique, *une* / Telefonkarte, die
karty T 16 C (*zob.* grać w karty)
   playing-card / cartes / Karten
kasa *rz.rż.* D. kasy Msc. kasie T 20 C11 (*zob.* kasa biletowa)
   cashier's desk / caisse enregistreuse, *une* / Kasse, die
kasa biletowa T 17 C1; T 17 D2
   booking office / guichet, *un* / Fahrkartenschalter, der
kaseta *rz.rż.* D. kasety Msc. kasecie (*zob.* kaseta magnetofonowa, kaseta video)
kaseta magnetofonowa T 16 L3
   cassette / cassette de magnétophone, *une* / Tonband, das
kaseta video T 16 L2
   video cassette / cassette video, *une* / Videokasette, die
kasjerka *rz.rż.* D. kasjerki Msc. kasjerce T 20 C10
   cashier / caissière, *une* / Kassiererin, die
kask *rz.rm.* D. kasku Msc. kasku T 14 F1
   helmet / casque, *un* / Helm, der; Kopfschutzhaube, die
kaszleć *cz.ndk.* kaszlę, kaszlesz T 33 155 zakaszleć *cz.dk.* zakaszlę, zakaszlesz
   cough / tousser / hüsten
kasztan *rz.rm.* D. kasztana Msc. kasztanie T 4 E4
   chestnut / marronier, *un* / Kastanienbaum, die
katedra *rz.rż.* D. katedry Msc. katedrze T 22 A13
   cathedral / cathédrale, *une* / Dom, der; Kathedrale, die
kawa *rz.rż.* D. kawy Msc. kawie T12 B1; T13 C1
   coffee / café, *un* / Kaffee, der
kawiarnia *rz.rż.* D. kawiarni Msc. kawiarni T 19 C23
   cafe / café, *un* / Café, Kaffeehaus, das
kąpać się *cz.ndk.* kąpię, kapiesz T 33 70 wykąpać się *cz.dk.* wykąpię, wykąpiesz
   take a bath / baigner (se) / baden, duschen
kąpiel *rz.rż.* D. kąpieli Msc. kąpieli (*zob.* płyn do kąpieli)
kąpielowy *przym.* (*zob.* kostium kąpielowy)
kąpielówki *rz.blp* D. kąpielówek Msc. kąpielówkach T 15 B6
   swimming trunks / costume de bain, *un* / Badehose, die

kątomierz *rz.rm.* D. kątomierza Msc. kątomierzu T 22 B10
  protractor / rapporteur, *un* / Winkelmesser, das
kelner *rz.rm.* M. *lm* kelnerzy D. kelnera Msc. kelnerze T 18 7; T 13 E7
  waiter / garçon, *un* / Kellner, Ober, der
kieliszek *rz.rm.* D. kieliszka Msc. kieliszku T 11 B9
  glass / verre, *un* / (Wein-) Glas, das
kielnia *rz.rż.* D. kielni Msc. kielni T 29 A9
  trowel / burin, *un* / Kelle, die
kiełbasa *rz.rż.* D. kiełbasy Msc. kiełbasie T13 A8; T12 A20
  sausage / saucisse, *une* / Wurst, die
kier *rz.rm.* D. kiera Msc. kierze T 16 C2
  hearts / coeur, *un* / Herz, Coeur, das
kierowca *rz.rm.* M. *lm* kierowcy D. kierowcy Msc. kierowcy T 17 C6; T 18 12
  (*zob.* fotel kierowcy)
  driver / chauffeur, *un* / Fahrer, der
kierownica *rz.rż.* D. kierownicy Msc. kierownicy T 17 F2
  steering wheel / volant, *un* / Lenkrad, das
kierunek *rz.rm.* D. kierunku Msc. kierunku (*zob.* kierunki)
kierunki T 19 B
  directions / directions / Richtungen
kieszeń *rz.rż.* D. kieszeni Msc. kieszeni T 9 D16
  pocket / poche, *une* / (Hosen-) Tasche, die
kij *rz.rm.* D. kija Msc. kiju T 14 F3
  stick / bâton, *un* / Hockeyschläger, der
kijek *rz.rm.* D. kijka Msc. kijku T 14 H4
  pole / bâton, *un* / Stock, der
kino *rz.rm.* D. kina Msc. kinie T 16 E; T 19 C5
  cinema / cinéma, *un* / Kino, das
kiosk *rz.rm.* D. kiosku Msc. kiosku T 19 A6
  kiosk /kiosque, *un* / Kiosk, der
klamka *rz.rż.* D. klamki Msc. klamce T 10 I6
  door handle / poignée, *une* / Klinke, die
klarnet *rz.rm.* D. klarnetu Msc. klarnecie T 16 H6
  clarinet / clarinette, *une* / Klarinette, die
klasa *rz.rż.* D. klasy Msc. klasie T 22 A
  class / classe, *une* / Klasse, die
klaser *rz.rm.* D. klasera Msc. klaserze T 16 J3
  stamp-album / classeur, *un* / Einsteckalbum, das
klawiatura *rz.rż.* D. klawiatury Msc. klawiaturze T 23 8
  keyboard / clavier, *un* / Klaviatur, Tastatur, die
klej *rz.rm.* D. kleju Msc. kleju T 22 B18
  glue / colle, *une* / Klebstoff, der
kleszcze *rz.blp* D. kleszczy Msc. kleszczach T 25 C6
  tongs / tenaille, *une* / Zange, die
klęczeć *cz.ndk.* klęczę, klęczysz T 33 4 uklęknąć *cz.dk.* uklęknę, uklękniesz
  kneel / être à genoux / knien
klient *rz.rm.* M. *lm* klienci D. klienta Msc. kliencie T 20 C5
  customer / client, *un* / Kunde, der
klips *rz.rm.* D. klipsa Msc. klipsie T 9 C6
  clip / boucle d'oreille à pince, *une* / Klipp, Klips, der
klomb *rz.rm.* D. klombu Msc. klombie T 10 A20
  flowerbed / plate-bande, *une* / Blumenbeet, das

klon *rz.rm.* D. klonu Msc. klonie T 4 E3
  maple / érable, *un* / Ahorn, der
klub *rz.rm.* D. klubu Msc. klubie T 19 A5
  club / club, *un* / Klub, der
klucz *rz.rm.* D. klucza Msc. kluczu T 29 A7; T 10 I7; T16 G7; T16 G8 (*zob.* klucz basowy,
  klucz wiolinowy)
  spanner; key / clef, *une* / Schlüssel, der
klucz basowy T 16 G8
  bass clef / clef de fa, *une* / Baßschlüssel, der
klucz wiolinowy T 16 G7
  treble clef / clef de sol, *une* / Notenschlüssel, der
kłócić się *cz.ndk.* kłócę, kłócisz T 33 167 pokłócić się *cz.dk.* pokłócę, pokłócisz
  quarrel / disputer (se) / streiten, sich
kobieta *rz.rż.* D. kobiety Msc. kobiecie T 7 A2
  woman, female / femme, *une* / Frau, Dame, die
koc *rz.rm.* D. koca Msc. kocu T 15 B7
  blanket / plaid, *un* / Decke, die
kochać *cz.ndk.* kocham, kochasz T 33 164 pokochać *cz.dk.* pokocham, pokochasz
  love / aimer / lieben
kod *rz.rm.* D. kodu Msc. kodzie T 25 C3
  code / code, *un* / Postleitzahl, die
kogut *rz.rm.* D. koguta Msc. kogucie T 5 A14
  rooster / coq, *un* / Hahn, der
koktail *rz.rm.* D. koktailu Msc. koktailu T 13 E10
  cocktail / cocktail, *un* / Cockteil, der
kolacja *rz.rż.* D. kolacji Msc. kolacji T13 D
  supper / souper, *un* / Abendbrot, Abendessen, das
kolano *rz.rn.* D. kolana Msc. kolanie T 6 D16
  knee / genou, *un* / Knie, das
kolarstwo *rz.rn.* D. kolarstwa Msc. kolarstwie T 14 G
  cycling / cyclisme / Radsport, der
kolarz *rz.rm.* M. *lm* kolarze D. kolarza Msc. kolarzu T 14 G3
  cyclist / cycliste, *un* / Radsportler, der
kolczyk *rz.rm.* D. kolczyka Msc. kolczyku T 9 C5
  earring / boucle d'oreille, *une* / Ohrring, der
kolejka *rz.rż.* D. kolejki Msc. kolejce T 20 C6
  queue / queue, *une* / Schlange, die
kolejowy *przym.* (*zob.* dworzec kolejowy)
kolęda *rz.rż.* D. kolędy Msc. kolędzie T 31 A12
  Christmas carol / cantique de Noël, *une* / Weihnachtslied, das
kolędnik *rz.rm.* M. *lm* kolędnicy D. kolędnika Msc. kolędniku T 31 A8
  caroller / chanteur des noëls, *un* / Sternsinger, der
kolia *rz.rż.* D. kolii Msc. kolii T 9 C2
  necklace / collier, *un* / Kollier, das
kolor *rz.rm.* D. koloru Msc. kolorze T 31
  color / couleur, *une* / Farbe, die
kołdra *rz.rż.* D. kołdry Msc. kołdrze T 10 D8
  comforter / couverture, *une* / (Stepp-)Decke, die
kołnierz *rz.rm.* D. kołnierza Msc. kołnierzu T 9 D13
  collar / col, *un* / Kragen, der
koło *rz.rn.* D. koła Msc. kole T 17 G6; T 22 C2
  wheel / roue, *une* / Rad, das

komar *rz.rm.* D. komara Msc. komarze T 5 F9
  mosquito / moustique, *un* / Mücke, die
kombajn *rz.rm.* D. kombajnu Msc. kombajnie T 21 B18
  harvester / combiné, *un* / Vollerntemaschine, die
kombi *rz.ndm.* (*zob.* samochód kombi)
kombinerki *rz.blp* D. kombinerek Msc. kombinerkach T 29 A13
  pliers / pince motoriste, *une* / Kombizange, die
kometa *rz.rż.* D. komety Msc. komecie T 1 C5
  comet / comète, *une* / Komet, der
komin *rz.rm.* D. komina Msc. kominie T 10 A1
  chimney / cheminée, *une* / Schornstein, der
kominek *rz.rm.* D. kominka Msc. kominku T 10 C11
  fireplace / cheminée, *une* / Kamin, der
kominiarz *rz.rm.* M. *lm* kominiarze D. kominiarza Msc. kominiarzu T 18 41
  chimneysweep / ramoneur, *un* / Schornsteinfeger, der
komórkowy *przym.* (*zob.* telefon komórkowy)
kompaktowy *przym.* (*zob.* płyta kompaktowa)
kompas *rz.rm.* D. kompasu Msc. kompasie T 2 C
  compass / boussole, *une* / Kompaß, der
komputer *rz.rm.* D. komputera Msc. komputerze T 23 7 (*zob.* pisać na komputerze)
  computer / ordinateur, *un* / Computer, Rechner, der
komunikacja *rz.rż.* D. komunikacji Msc. komunikacji T 17
  communication / communication, *une* / Verkehr, der
koncert *rz.rm.* D. koncertu Msc. koncercie T 16 G5
  concert / concert, *un* / Koncert, das
konduktor *rz.rm.* M. *lm* konduktorzy D. konduktora Msc. konduktorze T 17 D23
  ticket inspector / conducteur, *un* / Schaffner, der
konewka *rz.rż.* D. konewki Msc. konewce T 29 C9
  watering can / arrosoir, *un* / Gießkanne, die
konik *rz.rm.* D. konika Msc. koniku (*zob.* konik polny)
konik polny T 5 F 5
  grasshopper / sauterelle, *une* / Grashüpfer, der
konno *przysł.* (*zob.* jeździć konno)
konserwa *rz.rż.* D. konserwy Msc. konserwie T 10 G11
  can / conserve, *une* / Konserve, die
kontrabas *rz.rm.* D. kontrabasu Msc. kontrabasie T 16 H4
  bass / contrebasse, *une* / Kontrabass, der
kontrola *rz.rż.* D. kontroli Msc. kontroli (*zob.* wieża kontroli lotów)
konwalia *rz.rż.* D. konwalii Msc. konwalii T 4 D9
  lily of the valley / muguet, *un* / Maiglöckchen, das
koń *rz.rm.* D. konia Msc. koniu T 5 A5; T 16 A7
  horse; knight (*chess*) / cheval, *un*; cavalier, *un* (*échecs*) / Pferd, das; Springer, der (*Schach*)
kończyć *cz.ndk.* kończę, kończysz T 33 45 skończyć *cz.dk.* skończę, skończysz
  finish / finir / enden, abschließen
koperta *rz.rż.* D. koperty Msc. kopercie T 25 B3
  envelope / enveloppe, *une* / (Brief-)Umschlag, der; Kuvert, das
kora *rz.rż.* D. kory Msc. korze T 4 F3
  bark / écorce, *une* / (Baum-)Rinde, die
korek *rz.rm.* D. korka Msc. korku T 10 E11
  plug / bouchon, *un* / Korken, Propfen, der
korespondencja *rz.rż.* D. korespondencji Msc. korespodencji T 23 5
  correspondence / correspondance, *une* / Korrespondenz, die

korkociąg *rz.rm*. D. korkociaga Msc. korkociagu T 11 A33
    corkscrew / tire-bouchon, *un* / Korkenzieher, der
kort *rz.rm*. D. kortu Msc. korcie T 14 E4
    court / court, *un* / Tennisplatz, der
kosa *rz.rż*. D. kosy Msc. kosie T 21 B12
    scythe / faux, *une* / Sense, die
kosmetyk *rz.rm*. D. kosmetyku Msc. kosmetyku (*zob.* kosmetyki)
kosmetyki T 10 F
    cosmetics / produit de beauté, *un* / Kosmetik, die; Schönheitsmittel, das
kostium *rz.rm*. D. kostiumu Msc. kostiumie T 9 A2 (*zob.* kostium kąpielowy)
    suit / costume, *un* / Anzug, der; Kostüm, das
kostium kąpielowy T 15 B8
    swimsuit / maillot de bain, *un* / Badeanzug, der
kostka *rz.rż*. D. kostki Msc. kostce T 6 D19
    ankle / cheville, *une* / Knöchel, der
kosz *rz.rm*. D. kosza Msc. koszu T 10 E 15; T 11 A 26; T 14 C2; T 15 B3; T 19 A11
    basket, roofed beach chair / corbeille, *une* / Korb, der
koszula *rz.rż*. D. koszuli Msc. koszuli T 9 D12 (*zob.* koszula nocna)
    shirt / chemise, *une* / Hemd, das
koszula nocna T 10 D 6; T 9 A26
    nightdress / chemise de nuit, *une* / Nachthemd, das
kosztować *cz.ndk*. kosztuję, kosztujesz T 33 107
    cost / coûter / kosten
koszyk *rz.rm*. D. koszyka Msc. koszyku T 31 B1; T 20 C15
    basket / panier, *un* / Korb, der
koszykarz *rz.rm*. M. *lm* koszykarze D. koszykarza Msc. koszykarzu T 14 C1
    basketball player / joueur de basket-ball, *un* / Basketballer, der
koszykówka *rz.rż*. D. koszykówki Msc. koszykówce T 14 C (*zob.* grać w koszykówkę)
    basketball / basket-ball, *un* / Baskettball, der
kościół *rz.rm*. D. kościoła Msc. kościele T 19 A2; T 21 A5
    church / église, *une* / Kirche, die
kość *rz.rż*. D. kości Msc. kości T 6 B7
    bone / os, *un* / Knochen, der
kot *rz.rm*. D. kota Msc. kocie T 5 A3
    cat / chat, *un* / Katze, die
kotek *rz.rm*. D. kotka Msc. kotku T 5 A4
    kitten / chaton, *un* / Kätzchen, das
kotwica *rz.rż*. D. kotwicy Msc. kotwicy T 17 H7
    anchor / ancre, *une* / Anker, der
koza *rz.rż*. D. kozy Msc. kozie T 5 A20
    goat / chèvre, *une* / Ziege, die
kozetka *rz.rż*. D. kozetki Msc. kozetce T 26 D4
    examination couch / causeuse, *une* / Liege, die
kozioł *rz.rm*. D. kozła Msc. koźle T 14 S3
    horse / cheval, *un* / Bock, der
Koziorożec *rz.rm*. D. Koziorożca Msc. Koziorożcu (*zob.* Zwrotnik Koziorożca)
kraj *rz.rm*. D, kraju Msc. kraju T 2 E16
    country / pays, *un* / Land, das
kran *rz.rm*. D. kranu Msc. kranie T 11 A27
    faucet / robinet, *un* / Hahn, der
krata *rz.rż*. D kraty Msc. kracie T 28 A16
    bars / grille, *une* / Gitter, das

krawat *rz.rm.* D. krawata Msc. krawacie T 9 D10
  tie / cravatte, *une* / Krawatte, die; Schlips, der
krawiec *rz.rm.* M. *lm* krawcy D. krawca Msc. krawcu T 18 44
  tailor / couturier, *un* / Schneider, der
krawężnik *rz.rm.* D. krawężnika Msc. krawężniku T 19 C21
  curb / bordure, *une* / Bordstein, Randstein, der
krążek *rz.rm.* D. krążka Msc. krążku T 14 F5
  puck / rondelle, *une* /Puck, der
kreda *rz.rż.* D. kredy Msc. kredzie T 22 A6
  chalk / craie, *une* / Kreide, die
kredka *rz.rż.* D. kredki Msc. kredce T 22 B14
  crayon / crayon, *un* / Buntstift, der
krem *rz.rm.* D. kremu Msc. kremie T 10 F3 (*zob.* krem do golenia)
  cream / crème, *une* / Krem, Creme die
krem do golenia T 10 F22
  shaving cream / crème à raser, *une* /Rasiercreme, die
krew *rz.rż.* D. krwi Msc. krwi T 6 C6
  blood / sang, *un* / Blut, das
kręgosłup *rz.rm.* D. kręgosłupa Msc. kręgosłupie T 6 B5
  backbone / colonne vertébrale, *une* / Wirbelsäule, die
kroić *cz.ndk.* kroję, kroisz T 33 51 pokroić *cz.dk.* pokroję, pokroisz
  cut / couper /schneiden
krojenie *rz.rn.* D. krojenia Msc. krojeniu (*zob.* deska do krojenia)
krokodyl *rz.rm.* D. krokodyla Msc. krokodylu T 5 D8
  crocodile / crocodile, *un* / Krokodil, das
krople *rz.blp* D. kropli Msc. kroplach T 25 B4
  drops / goutte, *une* / Tropfen
krowa *rz.rż.* D. krowy Msc. krowie T 5 A7
  cow / vache, *une* / Kuh, die
król *rz.rm.* M. *lm* królowie D. króla Msc. królu T 16 A5; T 16 C7
  king / roi, *un* / König, der
królik *rz.rm.* D. królika Msc. króliku T 5 A12
  rabbit / lapin, *un* / Kanninchen, das
krótki *przym.* krótszy T 34 8
  short / court / kurz
krzesło *rz.rn.* D. krzesła Msc. krześle T 10 C19
  chair / chaise, *une* /Stuhl, der
krzew *rz.rm.* D. krzewu Msc. krzewie T 10 A18
  shrub / buisson, *un* / Strauch, der
krzyczeć *cz.ndk.* krzyczę, krzyczysz T 33 151 krzyknąć *cz.dk.* krzyknę, krzykniesz
  shout / crier /schreien
krzywka *rz.rż.* D. krzywki Msc. krzywce T 22 B11
  French curve / came, *une* / Nocken, der
krzywy *przym.* bardziej krzywy T 34 50
  crooked / courbé / schief
ksiądz *rz.rm.* M. *lm* księża D księdza Msc. księdzu T 18 14
  priest / prêtre, *un* / Prister, der
książka *rz.rż.* D. książki Msc. książce T 16 I4 (*zob.* książki, książka telefoniczna,
    książka kucharska)
  book / livre, *un* / Buch, das
książka kucharska T 11 A20
  cookbook / livre de cuisine, *un* / Kochbuch, das

książka telefoniczna T 10 B17; T 25 A9
telephone book / annuaire téléphonique, *un* / Telefonbuch, das
książki T 16 I
books / livres / Bücher
księżyc *rz.rm.* D. księżyca Msc. księżycu T 1 C3
moon / lune, *une* / Mond, der
kubek *rz.rm.* D. kubka Msc. kubku T 11 B17
mug / gobelet, *un* / Becher, der
kucharski *przym.* (*zob.* książka kucharska)
kucharz *rz.rm.* M. *lm* kucharze D. kucharza Msc. kucharzu T 18 6
cook / cuisinier, *un* / Koch, der
kuchenka *rz.rż.* D. kuchenki Msc. kuchence T 11 A17 (*zob.* kuchenka gazowa)
cooker / cuisinière, *une* / Ofen, der
kuchenka gazowa T 15 A7
gas cooker / cuisinière à gaz, *une* / Gasofen, der
kuchnia *rz.rż.* D. kuchni Msc. kuchni T 11 A
kitchen / cuisine, *une* / Küche, die
kukurydza *rz.rż.* D. kukurydzy Msc. kukurydzy T 4 C5
maize / maïs, *un* / Mais, der
kula *rz.rż.* D. kuli Msc. kuli   T 22 D4; T 28 C5 (*zob.* kula ziemska)
sphere, bullet / sphère, *une;* balle, *une* / Kugel, die
kula ziemska T 2 A
globe / globe terrestre, *un* / Erdkugel, die
kupno *rz.rm.* D. kupna Msc. kupnie T 24 4
purchase / achat, *un* / Kauf, der; Anschaffung, die
kupować *cz.ndk.* kupuję, kupujesz T 33 103 kupić *cz.dk.* kupię, kupisz
buy / acheter / kaufen
kura *rz.rż.* D. kury Msc. kurze T 5 A13
hen / poule, *une* / Huhn, das; Henne, die
kurczak *rz.rm.* D. kurczaka Msc. kurczaku T13 B5
chicken / poulet, *un* / Hähnchen, das
kurczątko *rz.rm.* D. kurczątka Msc. kurczątku T 5 A15
chick / poussin, *un* / Küken, das
kurek *rz.rm.* D. kurka Msc. kurku T 10 E12
faucet / robinet, *un* / Hahn, der
kurnik *rz.rm.* D. kurnika Msc. kurniku T 21 B14
hen house / poulaillet, *un* / Hühnerstall, der
kurtka *rz.rż.* D. kurtki Msc. kurtce T 9 D19
jacket / veste, *une* / Jacke, die
kurtyna *rz.rż.* D. kurtyny Msc. kurtynie T 16 F5
curtain / rideau, *un* / Vorhang, der
kuter *rz.rm.* D. kutra Msc. kutrze T 17 H6
cutter / cotre, *un* / Kutter, der
kuzyn *rz.rm.* M. *lm* kuzyni D. kuzyna Msc. kuzynie T 8 13
cousin / cousin, *un* / Vetter, der
kuzynka *rz.rż.* D. kuzynki Msc. kuzynce T 8 14
cousin / cousine, *une* / Kusine, die
kwadrat *rz.rm.* D. kwadratu Msc. kwadracie T 22 C3
square / carreau, *un* / Quadrat, das
kwaśny *przym.* kwaśniejszy T 34 41
sour / aigre / sauer
kwiat *rz.rm.* D. kwiatu Msc. kwiecie T 4 D; T 4 G; T 10 A21; T 10 B7
(*zob.* elementy kwiatu)
flower / fleur, *une* / Blume, die

kwiecień *rz.rm.* D. kwietnia Msc. kwietniu T 30 B4
   April / avril, *un* / April, der

lada *rz.rż.* D. lady Msc. ladzie T 20 C8
   counter / comptoir, *un* / Ladentisch, der; Lade, die
lakier *rz.rm.* D. lakieru Msc. lakierze (*zob.* lakier do paznokci)
lakier do paznokci T 10 F 8
   nail polish / vernis à ongles, *un* / Nagellack, der
lalka *rz.rż.* D. lalki Msc. lalce T 10 D14
   doll / poupée, *une* / Puppe, die
lama *rz.rż.* D. lamy Msc. lamie T 5 C1
   llama / lama, *un* / Lama, das
lampa *rz.rż.* D. lampy Msc. lampie T 10 B1; T 10 C15; T 17 G3
   lamp / lampe, *une* / Lampe, die
lampart *rz.rm.* D. lamparta Msc. lamparcie T 5 C8
   leopard / léopard, *un* / Leopard, der
laptop *rz.rm.* D. laptopu Msc. laptopie T 23 20
   laptop / laptop, *un* / Laptop, der; tragbarer Personalcomputer
las *rz.rm.* D. lasu Msc. lesie T 21 A3
   forest / forêt, *une* / Wald, der
laska *rz.rż.* D. laski Msc. lasce T 9 D5
   walking stick / canne, *une* / (Spazier-)Stock, der
latać *cz.ndk.* latam, latasz T 33 10
   fly / voler / fliegen
latarka *rz.rż.* D. latarki Msc. latarce T 15 A6
   flashlight / lampe de poche, *une* / Taschenlampe, die
latarnia *rz.rż.* D. latarni Msc. latarni T 19 A19
   lantern / réverbère, *un* / Laterne, die
lato *rz.rm.* D. lata Msc. lecie T 3 B
   summer / été, *un* / Sommer, der
lecieć *cz.ndk.* lecę, lecisz T 33 11 polecieć *cz.dk.* polecę, polecisz
   fly / voler / fliegen
lekarstwa T 26 B1
   medicines / médicaments / Arzneien, Arzneimittel
lekarstwo *rz.rm.* D. lekarstwa Msc. lekarstwie (*zob.* lekarstwa)
lekarz *rz.rm.* M. *lm* lekarze D. lekarza Msc. lekarzu T 18 3; T 25 D1
   doctor / médecin, *un* / Arzt, der
lekcja *rz.rż.* D. lekcji Msc. lekcji (*zob.* plan lekcji)
lekki *przym.* lżejszy T 34 31
   light / léger / leicht
lemoniada *rz.rż.* D. lemoniady Msc. lemoniadzie T12 B5
   lemonade / limonade, *une* / Limonade, die
lew *rz.rm.* D lwa Msc. lwie T 5 C7
   lion / lion, *un* / Löwe, der
leżak *rz.rm.* D. leżaka Msc. leżaku T 15 B9
   deckchair / chaise longue, *une* / Liegestuhl, der
leżeć *cz.ndk.* leżę, leżysz T 33 3 poleżeć *cz.dk.* poleżę, poleżysz
   lie / être couché / liegen
liczyć *cz.ndk.* liczę, liczysz T 33 108 policzyć *cz.dk.* policzę, policzysz
   count / compter / rechnen, zählen
lilia *rz.rż.* D. lilii Msc. lilii T 4 D11
   lily / lis, *un* / Lilie, die

lina *rz.rż.* D. liny Msc. linie T 17 H5; T 27 8
  rope / corde, *une* / Seil, Tau das; Seile, die
linia *rz.rż.* D. linii Msc. linii T 14 A16 (*zob.* linia ciągła, linia przerywana)
  line / ligne, *une* / Linie, die
linia ciągła T 17 A7
  solid line / ligne continue, *une* / Vollinie, die
linia przerywana T 17 A6
  broken line / ligne interrompue, *une* / Strichlinie, die
linijka *rz.rż.* D. linijki Msc. linijce T 22 B8
  ruler / règle, *une* / Lineal, das
linka *rz.rż.* D. linki Msc. lince T 15 A4
  cord / corde, *une* / Leine, Schnur, die
lipiec *rz.rm.* D. lipca Msc. lipcu T 30 B7
  July / juillet, *un* / Juli, der
lis *rz.rm.* D. lisa Msc. lisie T 5 B1
  fox / renard, *un* / Fuchs, der
list *rz.rm.* D. listu Msc. liście T 25 B (*zob.* ekspres, list lotniczy, list polecony,
  list zwykły, skrzynka na listy)
  letter / lettre, *une* / Brief, der
list lotniczy T 25 B6
  airmail letter / lettre par avion, *une* / Luftpostbrief, der
list polecony T 25 B5
  registered letter / lettre recommandée, *une* / Einschreibebrief, der
list zwykły T 25 C
  letter / lettre normale, *une* / einfacher Brief
listonosz *rz.rm.* M *lm* listonosze D. listonosza Msc. listonoszu T 18 25; T 25 A4
  mailman / facteur, *un* / Briefträger, der
listopad *rz.rm.* D. listopada Msc. listopadzie T 30 B11
  November / novembre, *un* / November, der
listowy *przym.* (*zob.* papier listowy)
liść *rz.rm.* D. liścia Msc. liściu T 4 F4
  leaf / feuille, *une* / Blatt, Laub das
litera *rz.rż.* D. litery Msc. literze T 22 A17
  letter / lettre, *une* / Buchstaben, der
literatka *rz.rż.* D. literatki Msc. literatce T 11 B10
  glass / verre à liqueur, *un* / Glas, das
lodowisko *rz.rn.* D. lodowiska Msc. lodowisku T 14 F4
  ice rink / patinoire, *une* / Eisbahn, die; Eisfeld, das
lodówka *rz.rż.* D. lodówki Msc. lodówce T 11 A1
  fridge / frigidaire, *un* / Kühlschrank, der
lody *rz. blp* T13 C8
  ice cream / glace, *une* / Eis, das
lokomocja *rz.rż.* D. lokomocji Msc. lokomocji (*zob.* środki lokomocji wodnej)
lokomotywa *rz.rż.* D. lokomotywy Msc. lokomotywie T 17 D13
  locomotive / locomotive, *une* / Lok(omotive), die
lokówka *rz.rż.* D. lokówki Msc. lokówce T 10F
  hair curler / rouleau, *un* / Lockenwickel, der
lot *rz.rm.* D. lotu Msc. locie (*zob.* wieża kontroli lotów)
lotniczy *przym.* (*zob.* list lotniczy, port lotniczy)
lotnisko *rz.rn.* D. lotniska Msc. lotnisku T 17 J
  airport / aéroport, *un* / Flughafen, der
lotniskowiec *rz.rm.* D. lotniskowca Msc. lotniskowcu T 28 B15
  aircraft carrier / porte-avions, *un* / Flugzeugträger, der

loża *rz.rż.* D. loży Msc. loży T 16 F9
   box / loge, *une* / Loge, die
lubić *cz.ndk.* lubię, lubisz T 33 163 polubić *cz.dk.* polubię, polubisz
   like / aimer bien / mögen, gerne haben
ludzie T 7
   people / gens / Leute (*Pl.*)
ludzki *przym.* (*zob.* ciało ludzkie)
lusterko *rz.rn.* D. lusterka Msc. lusterku T 17 E1; T 17 G1
   rear-view mirror / rétroviseur, *un* / Außenrückspiegel, Rückspiegel, der
lustro *rz.rn.* D. lustra Msc. lustrze T 10 B5; T 10 D4; T 10 E1
   mirror / miroir, *un* / Spiegel, der
luty *rz.rm.* D. lutego Msc. lutym T 30 B2
   February / février, *un* / Februar, der

łabędź *rz.rm.* D. łabędzia Msc. łabędziu T 5 E10
   swan / cigne, *un* / Schwan, der
ładny *przym.* ładniejszy T 34 1
   pretty / joli / hübsch
ładunek *rz.rm.* D. ładunku Msc. ładunku T 17 H4
   load / chargement, *un* / Ladung, Fracht die
łamać *cz.ndk.* łamię, łamiesz T 33 50 złamać *cz.dk.* złamię, złamiesz
   break / casser / brechen
łańcuch *rz.rm.* D. łańcucha Msc. łańcuchu T 10 I8; T 17 G12; T 31 A3
   chain / chaîne, *une* / Kette, die
łańcuszek *rz.rm.* D. łańcuszka Msc. łańcuszku T 9 C4
   chain / chaînette, *une* / Kettchen, das
łapać *cz.ndk.* łapię, łapiesz T 33 32 złapać *cz.dk.* złapię, złapiesz
   catch / attraper / fangen, erwischen, schnappen
łatwy *przym.* łatwiejszy T 34 43
   easy / facile / einfach, leicht
ława *rz.rż.* D. ławy Msc. ławie T 10 C14
   coffee table / banc, *un* / Sitzbank, die
ławka *rz.rż.* D. ławki Msc. ławce T 19 A17; T 22 A11
   bench, desk / banquette, *une* / Bank, die
łąka *rz.rż.* D. łąki Msc. łące T 21 A15
   meadow / pré, *un* / Wiese, die
łodyga *rz.rż.* D. łodygi Msc. łodydze T 4 G1
   stalk / tige, *une* / Stengel, Stiel der
łokieć *rz.rm.* D. łokcia Msc. łokciu T 6 D6
   elbow / coude, *un* / Ellenbogen, der
łopata *rz.rż.* D. łopaty Msc. łopacie T 29 C2
   spade / pelle, *une* / Schaufel, die
łoś *rz.rm.* D łosia Msc. łosiu T 5 B7
   elk / élan, *un* / Elch, Elen der
łódka *rz.rż.* D. łódki Msc. łódce T 15 B20; T 17 I2
   boat / canot, *un* / Boot, das
łódź *rz.rż.* D. łodzi Msc. łodzi (*zob.* łódź podwodna)
łódź podwodna T 28 B
   submarine / sous-marin, *un* / U-Boot, Unterseeboot, das
łóżeczko *rz.rn.* D. łóżeczku Msc. łóżeczku T 10 D12
   crib / lit (petit), *un* / Bettchen, das

łóżko *rz.rn.* D. łóżku Msc. łóżku T 10 D3
  bed / lit, *un* / Bett, das
łydka *rz.rż.* D. łydki Msc. łydce T 6 D17
  calf / mollet, *un* / Wade, die
łyżka *rz.rż.* D. łyżki Msc. łyżce T 11 C3
  spoon / cuiller, *une* / Löffel, der
łyżeczka *rz.rż.* D. łyżeczki Msc. łyżeczce T 11 C4
  teaspoon / petite cuiller, *une* / Teelöffel, der
łyżwa *rz.rż.* D. łyżwy Msc. łyżwie T 14 I3 (*zob.* jeździć na łyżwach)
  skate / patin à glace, *un* / Schlittschuh, der
łyżwiarstwo *rz.rn.* D. łyżwiarstwa Msc. łyżwiarstwie T 14 I
  skating / patinage, *un* / Eis(kunst)lauf, der
łyżwiarz *rz.rm.* M. *lm* łyżwiarze D. łyżwiarza Msc. łyżwiarzu T 14 I1
  skater / patineur, *un* / Schlittschuhläufer, Eis(kunst)läufer, der

M

machać *cz.ndk.* macham, machasz T 33 177 pomachać *cz.dk.* pomacham,
  pomachasz
  wave / agiter / winken
magazyn *rz.rm.* D. magazynu Msc. magazynie T 16 I12
  store-room / dépôt, *un* / Vorratsraum, der; Lagerhaus, das
magnetofon *rz.rm.* D. magnetofonu Msc. magnetofonie T 16 L4
  tape recorder / magnétophone, *un* / Tonbandgerät, das
magnetofonowy *przym.* (*zob.* kaseta magnetofonowa)
maj *rz.rm.* D. maja Msc. maju T 30 B5
  May / mai, *un* / Mai, der
mak *rz.rm.* D. maka Msc. maku T 4 D12
  poppy / pavot, *un* / Mohn, der
makaron *rz.rm.* D. makaronu Msc. makaronie T13 B2
  macaroni / macaroni, *un* / Nudeln (*Pl.*)
malarz *rz.rm.* M. *lm* malarze D. malarza Msc. malarzu T 18 23
  painter / peintre, *un* / Maler, der
malina *rz.rż.* D. maliny Msc. malinie T 4 A7
  raspberry / fromboise, *une* / Himbeere, die
malować *cz.ndk.* maluję, malujesz T 33 118 pomalować *cz.dk.* pomaluję, pomalujesz
  paint / peindre / malen
malować się *cz.ndk.* maluję, malujesz T 33 74 pomalować się *cz.dk.* pomaluję,
  pomalujesz
  make oneself up / maquiller (se) / schminken, sich
mała wskazówka T 30 C4
  hour hand / petite aiguille, *une* / Stundenzeiger, der
małpa *rz.rż.* D. małpy Msc. małpie T 5 C12
  monkey / singe, *un* / Affe, der
mały *przym.* mniejszy T 34 10 (*zob.* mała wskazówka)
  small / petit / klein
mankiet *rz.rm.* D. mankietu Msc. mankiecie T 9 D15
  cuff / manchette, *une* / Manschette, die
mapa *rz.rż.* D. mapy Msc. mapie T 2 B; T 22 A15
  map / carte, *une* / Karte, die
marchewka *rz.rż.* D. marchewki Msc. marchewce T 4 B4
  carrot / carotte, *une* / Mohrrübe, Möhre die

margaryna *rz.rż.* D. margaryny Msc. margarynie T12 A8
margarine / margarine, *une* / Margarine, die
Mars *rz.rm.* D. Marsa Msc. Marsie T 1 B5
Mars / Mars / Mars, der
marynarka *rz.rż.* D. marynarki Msc. marynarce T 9 D8
jacket / veston, *un* / Jacke, die; Sakko, der
marynarz *rz.rm.* M *lm* marynarze D. marynarza Msc. marynarzu T 18 9; T 28 B3
sailor / marin, *un* / Matrose, der
marzec *rz.rm.* D. marca Msc. marcu T 30 B3
March / mars, *un* / März, der
marzyć *cz.ndk.* marzę, marzysz T 33 173 pomarzyć *cz.dk.* pomarzę, pomarzysz
dream / rêver / träumen
maselniczka *rz.rż.* D. maselniczki Msc. maselniczce T 11 B16
butter-dish / beurrier, *un* / Butterdose, die
masło *rz.rn.* D. masła Msc. maśle T13 A4; T12 A7
butter / beurre, *un* / Butter, die
maszyna *rz.rż.* D. maszyny Msc. maszynie (*zob.* maszyna do szycia)
maszyna do szycia T 10 H1
sewing machine / machine à coudre, *une* / Nähmaschine, die
maszynista *rz.rm.* M. *lm* maszyniści D. maszynisty Msc. maszyniście T 17 D14
engineer / conducteur, *un* / Maschinist, Lokführer, der
maszynka *rz.rż.* D. maszynki Msc. maszynce (*zob.* maszynka do golenia,
elektryczna maszynka do golenia)
maszynka do golenia T 10 F23
safety razor / rasoir, *un* / Rasierapparat, der
maszynowy *przym.* (*zob.* pistolet maszynowy)
maść *rz.rż.* D. maści Msc. maści T 25 B5
ointment / pommade, *une* / Salbe, die
mata *rz.rż.* D. maty Msc. macie T 14 M2
mat / natte, *une* / Matte, die
matematyka *rz.rż.* D. matematyki Msc. matematyce T 22 E1
mathematics / mathématiques / Mathematik, Mathe die
materac *rz.rm.* D. materaca Msc. materacu T 10 D10; T 15 A9
mattress / matelas, *un* / Matraze, die
matka *rz.rż.* D. matki Msc. matce T 8 8
mother / mère, *une* / Mutter, die
mąż *rz.rm.* M. *lm* mężowie D męża Msc. mężu T 8 27
husband / mari, *un* / Ehemann, der
mechanik *rz.rm.* M. *lm* mechanicy D. mechanika Msc. mechaniku T 18 13
mechanic / mécanicien, *un* / Mechaniker, der
medal *rz.rm.* D. medalu Msc. medalu T 14 T2
medal / médaille, *une* / Medaille, die
meta *rz.rż.* D. mety Msc. mecie T 14 G1
finish / ligne d'arrivée, *une* / Ziel, das
metal *rz.rm.* D. metalu Msc. metalu (*zob.* piłka do metalu)
Merkury *rz.rm.* D. Merkurego Msc. Merkurym T1 B2
Mercury / Mercure, *un* / Merkur, der
męski *przym.* (*zob.* ubranie męskie, dodatki męskie)
mężczyzna *rz.rm.* M. *lm* mężczyźni D. mężczyzny Msc. mężczyźnie T 7 A1
man, male / homme, *un* / Mann, der
miara *rz.rż.* D. miary Msc. mierze (*zob.* miary czasu)
miary czasu T 30 F
time measures / mesures du temps / Zeitmaße

miasto *rz.rn.* D. miasta Msc. mieście T 2 E19; T 19
town / ville, *une* / Stadt, die
miednica *rz.rż.* D. miednicy Msc. miednicy T 6 B6; T 10 E16
pelvis; basin / bassine, *une* / Becken, das
miejsce *rz.rn.* D. miejsca Msc. miejscu T 16 E4; T 17 D21 (*zob.* miejsce dla palących, miejsce dla niepalących)
seat / place, *une* / Platz, der
miejsce dla niepalących T 17 D20
non-smoking seats / place non fumeur, *une* / Für Nichtraucher
miejsce dla palących T 17 D19
smoking seats / place pour fumeur, *une* / Für Raucher
miesiąc *rz.rm.* D. miesiąca Msc. miesiącu T 30 F6
month / mois, *un* / Monat, der
mieszać *cz.ndk.* mieszam, mieszasz T 33 91 pomieszać *cz.dk.* pomieszam, pomieszasz
stir / mélanger / umrühren
mieszkać *cz.ndk.* mieszkam, mieszkasz T 33 178
live / habiter / wohnen
między *przyim.* T 36 8
between / entre / zwischen
miękki *przym.* miększy T 34 63
soft / mou / weich
mięsień *rz.rm.* D. mięśnia Msc. mięśniu T 6 C4
muscle / muscle, *un* / Muskel, der
migacz *rz.rm.* D. migacza Msc. migaczu T 17 E4
turn signal / clignotant, *un* / Blinker, der
migawka *rz.rż.* D. migawki Msc. migawce T 16 K3
shutter / obturateur, *un* / Verschluß, der
mikrofalówka *rz.rż.* D. mikrofalówki Msc. mikrofalówce T 11 A7
microwave oven / four micro onde, *une* / Mikrowellenherd, der
mineralny *przym.* (*zob.* woda mineralna)
minuta *rz.rż.* D. minuty Msc. minucie T 30 F2
minute / minute, *une* / Minute, die
miotła *rz.rż.* D. miotły Msc. miotle T 10 G16
broom / balai, *un* / Besen, der
miska *rz.rż* .D. miski Msc. misce T 11 B11
bowl / terrine, *une* / Schüssel, die
miś *rz.rm.* D. misia Msc. misiu T 10 D13
teddy bear / ourson, *un* / Teddybär, der
mleko *rz.rn.* D. mleka Msc. mleku T12 A1
milk / lait, *un* / Milch, die
młody *przym.* młodszy T 34 22
young / jeune / jung
młodzież *rz.rż.* *blm* D. młodzieży Msc. młodzieży T 7 B
youth / jeunesse, *une* / Jugendlichen
młotek *rz.rm.* D. młotka Msc. młotku T 29 A8
hammer / marteau, *un* / Hammer, der
mnożyć *cz.ndk.* mnożę, mnożysz T 33 109 pomnożyć *cz.dk.* pomnożę, pomnożysz
multiply / multiplier / multiplizieren
modlić się *cz.ndk.* modlę, modlisz T 33 175 pomodlić się *cz.dk.* pomodlę, pomodlisz
pray / prier / beten
mokry *przym.* bardziej mokry T 34 46
wet / mouillé / naß

moneta *rz.rż.* D. monety Msc. monecie T 20 A3
  coin / monnaie, *une* / Münze, die
monitor *rz.rm.* D. monitora Msc. monitorze T 23 9
  monitor / moniteur, *un* / Schirm, der
most *rz.rm.* D. mostu Msc. moście T 19 C6
  bridge / pont, *un* / Brücke, die
mostek *rz.rm.* D. mostka Msc. mostku T 6 B3
  breast-bone / sternum, *un* / Brustbein, das
motor *rz.rm.* D. motoru Msc. motorze T 17 B9
  motor / moteur, *un* / Motor, der
motorówka *rz.rż.* D. motorówki Msc. motorówce T 15 B17; T 17 H4
  motorboat / cannot à moteur, *un* / Motorboot, das
motyka *rz.rż.* D. motyki Msc. motyce T 29 C4
  hoe / houe, *une* / Rodehacke, Schlaghacke, die
motyl *rz.rm.* D. motyla Msc. motylu T 5 F7
  butterfly / papillon, *un* / Schmetterling, der
mój *zaim.dzierż.* T 35 B
  my / mon / mein
mówić *cz.ndk.* mówię, mówisz T 33 148 powiedzieć *cz.dk.* powiem, powiesz
  speak / parler / sprechen
mózg *rz.rm.* D. mózgu Msc. mózgu T 6 C1
  brain / cerveau, *un* / Gehirn, das
mrówka *rz.rż.* D. mrówki Msc. mrówce T 5 F 10
  ant / fourmi, *une* / Ameise, die
mucha *rz.rż.* D. muchy Msc. musze T 5 F 1
  fly / mouche, *une* / Fliege, die
mundur *rz.rm.* D. munduru Msc. mundurze T 28 A3
  uniform / uniforme, *un* / Uniform, die; Dienstanzug, der
murarz *rz.rm.* M *lm* murarze D. murarza Msc. murarzu T 18 11
  bricklayer / maçon, *un* / Maurer, der
muszelka *rz.rż.* D. muszelki Msc. muszelce T 15 B12
  shell / coquillage, *un* / Muschel, die
muzyczny *przym.* (*zob.* instrumenty muzyczne)
muzyka *rz.rż.* D. muzyki Msc. muzyce T 16 G
  music / musique, *une* / Musik, die
my *zaim.os.* T 35 A6
  we / nous / wir
myć się *cz.ndk.* myję, myjesz T 33 69 umyć się *cz.dk.* umyję, umyjesz
  wash / laver (se) / waschen
mydło *rz.rn.* D. mydła Msc. mydle T 10 F14
  soap / savon, *un* / Seife, die
mylić się *cz.ndk.* mylę, mylisz T 33 115 pomylić się *cz.dk.* pomylę, pomylisz
  make a mistake / tromper / irren, sich
mysz *rz.rż.* D. myszy Msc. myszy T 5 B13; T 23 10
  mouse / souris, *une* / Maus, die
myśleć *cz.ndk.* myślę, myślisz T 33 172 pomyśleć *cz.dk.* pomyślę, pomyślisz
  think / penser / denken
myśliwiec *rz.rm.* D. myśliwca Msc. myśliwcu T 28 B9
  fighterplane / avion de chasse, *un* / Jagdflugzeug, das

na *przyim.* T 36 1
  on / sur / auf

nabrzeże *rz.rn.* D. nabrzeża Msc. nabrzeżu T 17 H3
  wharf / quai, *un* / Kai, der
nad *przyim.* T 36 3
  above / au-dessus / über
nakrętka *rz.rż.* D. nakrętki Msc. nakrętce T 29 C3
  nut / écrou, *un* / Mutter, die
nakrycia stołowe T 11 B
  table-ware / couvert de table, *un* / Tischgedeck, das
nakrycie *rz.rn.* D. nakrycia Msc. nakryciu (*zob.* nakrycia stołowe)
nalewać *cz.ndk.* nalewam, nalewasz T 33 97 nalać *cz.dk.* naleję, nalejesz
  pour / verser / gießen, einschenken
namiot *rz.rm.* D. namiotu Msc. namiocie T 15 A2
  tent / tente, *une* / Zelt, das
namiotowy *przym.* (*zob.* pole namiotowe)
napastnik *rz.rm.* M. *lm* napastnicy D. napastnika Msc. napastniku (*sport*) T 14 A11
  forward / agresseur, *un* / Stürmer, der
napój *rz.rm.* D. napoju Msc. napoju T12 B
  drink / boisson, *une* / Getränk, das
narciarstwo *rz.rn.* D. narciarstwa Msc. narciarstwie T 14 H
  skiing / ski, *un* / Skisport, Schisport der
narciarz *rz.rm.* M. *lm* narciarze D. narciarza Msc. narciarzu T 14 H3
  skier / skieur, *un* / Schisportler, Schiläufer, der
narodzenie *rz.rn.* D. narodzenia Msc. narodzeniu (*zob.* Boże Narodzenie)
narta *rz.rż.* D. narty Msc. narcie T 14 H5 (*zob.* jeździć na nartach)
  ski / ski, *un* / Schi, der
narząd *rz.rm.* D. narządu Msc. narządzie (*zob.* narządy wewnętrzne)
narządy wewnętrzne T 6 C
  internal organs / organes intérieurs / innere Organe
narzędzia T 29 A
  tools / outils / Werkzeug, das
narzędzia ogrodowe T 29 C
  garden tools / outils de jardin / Gartenwerkzeug, das
narzędzie *rz.rn.* D. narzędzia Msc. narzędziu (*zob.* narzędzia, narzędzia ogrodowe)
nasz *zaim.dzierż.* T 35 B5
  our / notre / unser
nauczyciel *rz.rm.* M. *lm* nauczyciele D. nauczyciela Msc. nauczycielu T 22 A1
  teacher / enseignant, *un* / Lehrer, der
nazwa *rz.rż.* D. nazwy Msc. nazwie (*zob.* nazwy zawodów)
nazwisko *rz.rn.* D. nazwiska Msc. nazwisku T 25 C5
  surname / nom, *un* / Name, der
nazwy zawodów T 18
  names of professions / noms des métiers / Berufsnamen
nazywać się *cz.ndk.* nazywam, nazywasz T 33 79 *cz.dk.* nazwać się, nazwę, nazwiesz
  name / nommer / heißen
neon *rz.rm.* D. neonu Msc. neonie T 19 A3
  neon / neon, *un* / Neon, das
Neptun *rz.rm.* D. Neptuna Msc. Neptunie T1 B9
  Neptune / Neptune, *un* / Neptun
nerka *rz.rż.* D. nerki Msc. nerce T 6 C10
  kidney / rein, *un* / Niere, die
neseser *rz.rm.* D. nesesera Msc. neseserze T 17 K5
  suitcase / trousse, *une* / (Reise-)Necessaire, die

neutron *rz.rm.* D. neutronu Msc. neutronie T 1 A2
  neutron / neutron, *un* / Neutron, das
nici T 10 H6
  thread / fils / Fäden
nić *rz.rż.* D. nici Msc. nici (*zob.* nici)
niebieski *przym.* bardziej niebieski T 32 3 (*zob.* ciała niebieskie)
  blue / bleu / blau
niebo *rz.rn.* D. nieba Msc. niebie T 3 G5
  sky / ciel, *un* / Himmel, der
niedziela *rz.rż.* D. niedzieli Msc. niedzieli T 30 A7
  Sunday / dimanche, *un* / Sonntag, der
niedźwiedź *rz.rm.* D. niedźwiedzia Msc. niedźwiedziu T5 B4
  bear / ours, *un* / Bär, der
niemowlę *rz.rn.* D. niemowlęcia Msc. niemowlęciu T 7 C7
  baby / bébé, *un* / Säugling, der
niski *przym.* niższy T 34 6
  low / petit / klein
nizina *rz.rż.* D. niziny Msc. nizinie T 2 B10
  lowlands / plaine, *une* / Niederung, Tiefebene, die
noc *rz.rż.* D. nocy Msc. nocy T 30 E4
  night / nuit, *une* / Nacht, die
nocnik *rz.rm.* D. nocnika Msc. nocniku T 10 D17
  potty / vase de nuit, *une* / Nachttopf, der
nocny *przym.* (*zob.* koszula nocna)
noga *rz.rż.* D. nogi Msc. nodze T 6 D14
  leg / jambe, *une* / Bein, das
nos *rz.rm.* D. nosa Msc. nosie T 6 A7
  nose / nez, *un* / Nase, die
nosorożec *rz.rm.* D. nosorożca Msc. nosorożcu T 5 C11
  rhinoceros / rhinocéros, *un* / Nashorn, das
nosze *rz.blp* D. noszy Msc. noszach T 25 F3
  stretcher / brancard, *un* / Trage, die; Tragen, das
notes *rz.rm.* D. notesu Msc. notesie T 23 15
  notebook / agenda, *un* / Notizbuch, das
nowy *przym.* nowszy T 34 24
  new / nouveau / neu
nożny *przym.* (*zob.* piłka nożna)
nożyce *rz.blp* D. nożyc Msc. nożycach T 29 A21
  cutters / ciseaux / Schere, die
nożyczki *rz.blp* D. nożyczek Msc. nożyczkach T 22 B19
  scissors / ciseaux / Schere, die
nóż *rz.rm.* D. noża Msc. nożu T 11 C1
  knife / couteau, *un* / Messer, das
nuta *rz.rż.* D. nuty Msc. nucie (*zob.* cała nuta)

obcęgi *rz.blp* D. obcęg Msc. obcęgach T 29 A14
  pincers / tenailles / Zange, die
obejmować się *cz.ndk.* obejmuję, obejmujesz T 33 166 objąć się *cz.dk.* obejmę,
  obejmiesz
  embrace / embrasser / umarmen sich
obiad *rz.rm.* D. obiadu Msc. obiedzie T13 B
  dinner / dîner, *un* / Mittagessen, das

obiektyw *rz.rm.* D. obiektywu Msc. obiektywie T 16 K2
  lens / objectif, *un* / Objektiv, das
obierać *cz.ndk.* obieram, obierasz T 33 52 obrać *cz.dk.* obiorę, obierzesz
  peel / peler / schälen
obojczyk *rz.rm.* D. obojczyka Msc. obojczyku T 6 B2
  collar-bone / clavicule, *un* / Schlüsselbein, das
obok *przyim.* T 36 7
  near / à côté / neben
obora *rz.rż.* D. obory Msc. oborze T 21 B4
  cowshed / étable, *un* / Viehstall, Kuhstall, der
obój *rz.rm.* D. oboju Msc. oboju T 16 H7
  oboe / hautebois, *un* / Oboe, die
obraz *rz.rm.* D. obrazu Msc. obrazie T 10 C5
  picture / peinture, *une* / Bild, Gemälde, das
obrońca *rz.rm.* M. *lm* obrońcy D. obrońcy Msc. obrońcy T 14 A12
  defender / défenseur, *un* / Verteidiger, der
obuwniczy *przym.* (*zob.* sklep obuwniczy)
ocena *rz.rż.* D. oceny Msc. ocenie (*zob.* oceny szkolne)
oceny szkolne T 22 F
  school grades / notes d'école / Schulnoten
ochroniarz *rz.rm.* M. *lm* ochroniarze D. ochroniarza Msc. ochroniarzu T 24 6
  bodyguard / garde du corps, *un* / Torwächter, der
odblaskowy *przym.* (*zob.* światło odblaskowe)
odcisk *rz.rm.* D. odcisku Msc. odcisku (*zob.* odciski palców)
odciski palców T 28 A13
  fingerprints / empreinte digitale, *une* / Fingerabdrücke
odejmować *cz.ndk.* odejmuję, odejmujesz T 33 112 odjąć *cz.dk.* odejmę,
  odejmiesz
  subtract / soustraire / subtrahieren
odjazd *rz.rm.* D. odjazdu Msc. odjeździe (*zob.* odjazdy)
odjazdy T 17 D5
  departures / départs / Abfahrten (*Pl.*)
odkurzacz *rz.rm.* D. odkurzacza Msc. odkurzaczu T 10 G7
  vacuum cleaner / aspirateur, *un* / Staubsauger, der
odkurzać *cz.ndk.* odkurzam, odkurzasz T 33 60 odkurzyć *cz.dk.* odkurzę, odkurzysz
  vacuum / dépoussiérer / staubsaugen
odpoczywać *cz.ndk.* odpoczywam, odpoczywasz T 33 71 odpocząć *cz.dk.* odpocznę,
  odpoczniesz
  rest / reposer (se) / erholen, sich
odpowiadać *cz.ndk.* odpowiadam, odpowiadasz T 33 114 odpowiedzieć *cz.dk.*
  odpowiem, odpowiesz
  answer / répondre / antworten
odprawa *rz.rż.* D. odprawy Msc. odprawie (*zob.* sala odpraw)
odtwarzacz *rz.rm.* D. odtwarzacza Msc. odtwarzaczu T 16 L6
  CD player / magnétophone, *un* / Player, der
odzieżowy *przym.* (*zob.* sklep odzieżowy)
oficer *rz.rm.* M. *lm* oficerowie D. oficera Msc. oficerze T 28 B2
  officer / officier, *un* / Offizier, der
ogień *rz.rm.* D. ognia Msc. ogniu T 27 3
  fire / feu, *un* / Feuer, das
oglądać *cz.ndk.* oglądam, oglądasz T 33 130 obejrzeć *cz.dk.* obejrzę, obejrzysz
  watch / regarder / anschauen, sich; beschauen

ogłoszenie *rz.rn.* D. ogłoszenia Msc. ogłoszeniu T 19 A9
  advertisement / annonce, *une* / Bekanntgabe, Bekanntmachung, die
ogórek *rz.rm.* D. ogórka Msc. ogórku T 4 B13
  cucumber / concombre, *un* / Gurke, die
ogrodnik *rz.rm.* M. *lm* ogrodnicy D. ogrodnika Msc. ogrodniku T 18 38
  gardener / jardinier, *un* / Gärtner, der
ogrodowy *przym.* (*zob.* narzędzia ogrodowe)
ogrodzenie *rz.rn.* D. ogrodzenia Msc. ogrodzeniu T 10 A12; T 21 B8
  fence / clôture, *une* / Zaun, der; Umzäunung, die
ogród *rz.rm.* D. ogrodu Msc. ogrodzie T 10 A16; T 21 B15
  garden / jardin, *un* / Garten, der
ojciec *rz.rm.* M. *lm* ojcowie D ojca Msc. ojcu T 8 7
  father / père, *un* / Vater, der
okienko *rz.rn.* D. okienka Msc. okienku T 24 1; T 25 A3
  counter / guichet, *un* / Schalter, der
okładka *rz.rż.* D. okładki Msc. okładce T 16 I5
  cover / couverture, *une* / Umschlag, der
okno *rz.rn.* D. okna Msc. oknie T 10 A6; T 10 C6; T 10 J
  window / fenêtre, *une* / Fenster, der
oko *rz.rn.* D. oka Msc. oku T 6 A6
  eye / oeil, *un* / Auge, das
okolica *rz.rż.* D. okolicy Msc. okolicy T 21
  environs / entourage, *un* / Umgebung, Gegend, die
okrąg *rz.rm.* D. okręgu Msc. okręgu T 22 C1
  circle / cercle, *un* / Kreis, der
określenia czasu T 30 D
  time expressions / détermination du temps / Zeitbestimmungen
określenie *rz.rn.* D. określenia Msc. określeniu (*zob.* określenia czasu)
okręt *rz.rm.* D. okrętu Msc. okręcie T 28 B13
  ship / navire, *un* / Schiff, das
okulary *rz.blp* D. okularów Msc. okularach T 9 D6 (*zob.* okulary słoneczne)
  glasses / lunettes / Brille, die
okulary słoneczne T 15 B5
  sun glasses / lunettes de soleil / Sonnenbrille, die
olimpiada *rz.rż.* D. olimpiady Msc. olimpiadzie T 14 T
  Olympic Games / olympiade, *une* / olympische Spiele; Olympiade, die
on *zaim.os.* T 35 A3
  he / il / er
ona *zaim.os.* T 35 A4
  she / elle / sie
one *zaim.os.* T 35 A9
  they / elles / sie
oni *zaim.os.* T 35 A8
  they / ils / sie
ono *zaim.os.* T 35 A5
  it / ça / es
opad *rz.rm.* D. opadu Msc. opadzie T 3 E (*zob.* opady deszczu, opady śniegu)
  fall / précipitation, *une* / Niederschlag, der
opady deszczu T 3 E5
  rainfall / pluie, *une* / Regenfälle (*Pl.*), Regen, der
opady śniegu T 3 E6
  snowfall / précipitation de neige, *une* / Schneefälle (*Pl.*)

opalać się *cz.ndk.* opalam, opalasz T 33 143 opalić się *cz.dk.* opalę, opalisz
   sunbathe / bronzer / sonnen, sich
opatrunek *rz.rm.* D. opatrunku Msc. opatrunku T 25 E6
   dressing / pansement, *un* / Verband, der
opieka *rz.rż.* D. opieki Msc. opiece (*zob.* opieka zdrowotna)
opłatek *rz.rm.* D. opłatka Msc. opłatku T 31 A7
   wafer / hostie, *une* / Oblatte, die
opona *rz.rż.* D. opony Msc. oponie T 17 E11
   tire / pneu, *un* / Reifen, der
orbita *rz.rż.* D. orbity Msc. orbicie T 1 C4
   orbit / orbite, *un* / Umlaufbahn, die
orkiestra *rz.rż.* D. orkiestry Msc. orkiestrze T 16 G4
   orchestra / orchestre, *un* / Orchester, das
orzech *rz.rm.* D. orzecha Msc. orzechu T 4 A9
   nut / noix, *une* / Nuß, die
orzeł *rz.rm.* D. orła Msc. orle T 5 E1
   eagle / aigle, *un* / Adler, der
osa *rz.rż.* D. osy Msc. osie T 5 F3
   wasp / guêpe, *une* / Wespe, die
osiedle *rz.rm.* D. osiedla Msc. osiedlu T 19 C1
   housing development / cité, *une* / Siedlung, die
osioł *rz.rm.* D. osła Msc. ośle T 5 C16
   donkey / âne, *un* / Esel, der
osobowy *przym.* (*zob.* zaimki osobowe)
ostatni *przym.* T 34 66
   last / dernier / letzte(r)
ostrosłup *rz.rm.* D. ostrosłupa Msc. ostrosłupie T 22 D3
   pyramid / pyramide, *une* / Pyramide, die
ostry *przym.* ostrzejszy T 34 52
   sharp / aigu / scharf
oszczep *rz.rm.* D. oszczepu Msc. oszczepie T 14 N2 (*zob.* rzut oszczepem)
   javelin / javelot, *un* / Spieß, Speer der
oszczepnik *rz.rm.* M. *lm* oszczepnicy D. oszczepnika Msc. oszczepniku T 14 N1
   javelin thrower / lanceur de javelot, *un* / Speerwerfer, der
otwarty *przym.* T 34 33
   open / ouvert / offen, geöffnet
otwieracz *rz.rm.* D. otwieracza Msc. otwieraczu T 11 A23; T 11 A32
   opener / ouvreur, *un* / Öffner, der
otwierać *cz.ndk.* otwieram, otwierasz T 33 24 otworzyć *cz.dk.* otworzę, otworzysz
   open / ouvrir / öffnen, aufmachen
owad *rz.rm.* D. owada Msc. owadzie T 5 E
   insect / insecte, *un* / Insekt, das
owca *rz.rż.* D. owcy Msc. owcy T 5 A10
   sheep / brebis, *une* / Schaf, das
owies *rz.rm.* D. owsa Msc. owsie T 4 C4
   oat / avoine, *une* / Hafer, der
owoc *rz.rm.* D. owoca Msc. owocu   T 4 A; T 13 C5
   fruit / fruit, *un* / Frucht, die; Obst, das

ósemka *rz.rż.* D. ósemki Msc. ósemce T 16 G12
   eight note / croche, *une* / Achtelnote, die

P

pacha *rz.rż.* D. pachy Msc. pasze T 6 D10
  armpit / aisselle, *une* / Achselhöhle, die
pacjent *rz.rm.* M. *lm* pacjenci D. pacjenta Msc. pacjencie T 25 A2; T 25 E2
  patient / patient, *un* / Patient, der
paczka *rz.rż.* D. paczki Msc. paczce T 25 B9
  pack / paquet, *un* / Paket, das
padać *cz.ndk.* padam, padasz T 33 169
  rain / pleuvoir / regnen
pajacyk *rz.rm.* D. pajacyka Msc. pajacyku T 10 D15
  puppet / pantin, *un* / Hampelmann, der
pająk *rz.rm.* D. pająka Msc. pająku T 5 F11
  spider / araignée, *une* / Spinne, die
pakować *cz.ndk.* pakuję, pakujesz T 33 63 spakować *cz.dk.* spakuję, spakujesz
  pack / emballer / (ein)packen
palec *rz.rm.* D. palca Msc. palcu T 6 D8 (*zob.* odciski palców)
  finger / doigt, *un* / Finger, der
palić *cz.ndk.* palę, palisz T 33 154 zapalić *cz.dk.* zapalę, zapalisz
  smoke / fumer / rauchen
palma *rz.rż.* D. palmy Msc. palmie T 31 B5
  palm / palmier, *un* / Palme, die
pałka *rz.rż.* D. pałki Msc. pałce T 28 A5
  nightstick / baton, *un* / Knüppel, der
pancerny *przym.* (*zob.* wóz pancerny)
pantera *rz.rż.* D. pantery Msc. panterze T 5 C9
  panther / panthère, *une* / Panther, der
papeteria *rz.rż.* D. papeterii Msc. papeterii T 25 B1
  notepaper and envelopes / papeterie, *une* / Briefpapier, das
papier *rz.rm.* D. papieru Msc. papierze (*zob.* papier listowy, ścierny,
  papier toaletowy)
papier listowy T 25 B2
  notepaper / papier à lettres, *un* / Briefbogen, das
papier ścierny T 29 A2
  abrasive paper / papier émeri, *un* / Schleifpapier, das
papier toaletowy T 10 E6
  toilet paper / papier de toilettes, *un* / Toilettenpapier, das
papieros *rz.rm.* D. papierosa Msc. papierosie T 13 E5
  cigarette / cigarette, *une* / Zigarette, die
papryka *rz.rż.* D. papryki Msc. papryce T 4 B3
  pepper / poivron, *un* / Paprika, der
papuga *rz.rż.* D. papugi Msc. papudze T 5 E12
  parrot / pérroquet, *un* / Papagei, der
parapet *rz.rm.* D. parapetu Msc. parapecie T 10 J4
  windowsill / appui, *un* / Fensterbrett, das
parasol *rz.rm.* D. parasola Msc. parasolu T 15 B4
  parasol / parasol, *un* / Schirm, der
parasolka *rz.rż.* D. parasolki Msc. parasolce T 9 B5
  umbrella / ombrelle, *une* / (Regen)Schirm, der
parawan *rz.rm.* D. parawanu Msc. parawanie T 15 B10
  screen / paravent, *un* / Wandschirm, der
park *rz.rm.* D. parku Msc. parku T 19 C7
  park / parc, *un* / Park, der

parking *rz.rm.* D. parkingu Msc. parkingu T 19 A7
  parking lot / parking, *un* / Parkplatz, der
partytura *rz.rż.* D. partytury Msc. partyturze T 16 G3
  score / partition, *une* / Partitur, die
paryski *przym.* (*zob.* bułka paryska)
pas *rz.rm.* D. pasa Msc. pasie T 17 F10 (*zob.* pas ruchu, pas startowy)
  belt / ceinture de sécurité, *une* / Sicherheitsgurt, der
pas ruchu T 17 A8
  traffic lane / voie de communication, *une* / Fahrspur, die
pas startowy T 17 J3
  runway / piste d'envoi, *une* / Startbahn, die
pasażer *rz.rm.* M. *lm* pasażerowie D. pasażera Msc. pasażerze T 17 C5;
  T 17 D6; T 17 K3
  passenger / pasager, *un* / Passagier, Fahrgast, der
pasek *rz.rm.* D. paska Msc. pasku T 9 B1
  belt / ceinture, *une* / Gürtel, der
pasta *rz.rż.* D. pasty Msc. paście (*zob.* pasta do zębów)
pasta do zębów T 10 F18
  toothpaste / dentifrice, *un* / Zahnpaste, die
pastwisko *rz.rm.* D. pastwiska Msc. pastwisku T 21 A10
  pasture / pâturage, *un* / Weide, die
paszport *rz.rm.* D. paszportu Msc. paszporcie T 17 K3
  passport / passeport, *un* / Paß, der
patelnia *rz.rż.* D. patelni Msc. patelni T 11 A11
  frying pan / poêle, *une* / Brattpfanne, die
patyk *rz.rm.* D. patyka Msc. patyku T 25 D3
  stick / bâton, *un* / Stock, der
paw *rz.rm.* D. pawia Msc. pawiu T 5 E13
  peacock / paon, *un* / Pfau, der
pawlacz *rz.rm.* D. pawlacza Msc. pawlaczu T 10 B3
  storage cupboard / souspente, *une* / Hängeboden, der
paznokieć *rz.rm.* D. paznokcia Msc. paznokciu T 6 D9 (*zob.* lakier do paznokci)
  nail / ongle, *un* / Nagel, die
pazurki *rz.blp* D. pazurków Msc. pazurkach T 29 C7
  hand cultivator / griffe, *une* / Krallen, Klauen (*Pl.*)
październik *rz.rm.* D. października Msc. październiku T 30 B10
  October / octobre, *un* / Oktober, der
pąk *rz.rm.* D. pąka Msc. pąku T 4 G2
  bud / bourgeon, *un* / Knospe, die
pchać *cz.ndk.* pcham, pchasz T 33 31 pchnąć *cz.dk.* pchnę, pchniesz
  push / pousser / schieben
pedał *rz.rm.* D. pedału Msc. pedale T 17 G11 (*zob.* pedał gazu)
  pedal / pédale, *une* / Pedal, das
pedał gazu T 17 F9
  gas pedal / pédale de gaz, *une* / Gaspedal, das
pełny *przym.* pełniejszy T 34 47
  full / plein / voll
peron *rz.rm.* D. peronu Msc. peronie T 17 D10
  platform / quai, *un* / Bahnsteig, der
pęcherz *rz.rm.* D. pęcherza Msc. pęcherzu T 6 C11
  bladder / vessie, *une* / Blase, die
pędzel *rz.rm.* D. pędzla Msc. pędzlu (*zob.* pędzel do golenia)

perfumeria *rz.rż.* D. perfumerii Msc. perfumerii T 20 B5
  perfumery / perfumerie, *une* / Parfümerie, die
perfumy *rz.blp* D. perfum Msc. perfumach T 10 F2
  perfume / parfum, *un* / Parfüm, das
pędzel do golenia T 10 F21
  shaving-brush / pinceau à barbe, *un* / Rasierpinsel, die
pęseta *rz.rż.* D. pęsety Msc. pęsecie T 16 J4
  tweezers / pince, *une* / Pinzette, die
pianista *rz.rm.* M *lm* pianiści D. pianisty Msc. pianiście T 18 34
  pianist / pianiste, *un* / Pianist, der
pianka *rz.rż.* D. pianki Msc. piance (*zob.* pianka do golenia)
pianka do golenia T 10 F26
  shaving foam / mousse à raser, *une* / Rasierschaum, der
piasek *rz.rm.* D. piasku Msc. piasku T 15 B11
  sand / sable, *un* / Sand, der
piaskownica *rz.rż.* D. piaskownicy Msc. piaskownicy T 14 P3
  sand-pit / sablière, *une* / Sandkasten, der
piątek *rz.rm.* D. piątku Msc. piątku T 30 A5
  Friday / vendredi, *un* / Freitag, der
piątka *rz.rż.* D. piątki Msc. piątce T 22 F2

  very good / très bien (note) / Fünf, die (= sehr gut)
pić *cz.ndk.* piję, pijesz T 33 87 wypić *cz.dk.* wypiję, wypijesz
  drink / boire / trinken
piec *cz.ndk.* piekę, pieczesz T 33 90 upiec *cz.dk.* upiekę, upieczesz
  roast / rôtir / rösten
pieczątka *rz.rż.* D. pieczątki Msc. pieczątce T 25 A6
  stamp / tampon, *un* / Stempel, der; Siegel, das
piekarnik *rz.rm.* D. piekarnika Msc. piekarniku T 11 A12
  oven / four, *un* / Backofen, Bratofen der
piekarz *rz.rm.* M. *lm* piekarze D. piekarza Msc. piekarzu T 18 8
  baker / boulanger, *un* / Bäcker, der
pielęgniarka *rz.rż.* D. pielęgniarki Msc. pielęgniarce T 18 4; T 25 E1
  nurse / infirmière, *une* / Krankenschwester, die
pielucha *rz.rż.* D. pieluchy Msc. pielusze T 10 D19
  diaper / couche, *une* / Windel, die
pieniądze *rz.blp* D. pieniędzy Msc. pieniądzach T 20 A; T 24 2
  money / argent, *un* / Geld, das
pień *rz.rm.* D. pnia Msc. pniu T 4 F1
  trunk / tronc, *un* / Baumstamm, der
pieprz *rz.rm.* D. pieprzu Msc. pieprzu T 13 B9
  pepper / poivre, *un* / Pfeffer, der
pierś *rz.rż.* D. piersi Msc. piersi T 6 D22
  breast / poitrine, *une* / Brust, die
pierścionek *rz.rm.* D. pierścionka Msc. pierścionku T 9 C1
  ring / bague, *une* / Ring, der
pierwszy *przym.* T 34 65
  first / premier / erster, der Erste
pies *rz.rm.* D. psa Msc. psie T 5 A1 (*zob.* pies policyjny)
  dog / chien, *un* / Hund, der
pies policyjny T 28 A8
  police dog / chien de police, *un* / Polizeihund, der
pietruszka *rz.rż.* D. pietruszki Msc. pietruszce T 4 B5
  parsley / persil, *un* / Petersilie, die

pięciolinia *rz.rż.* D. pięciolinii Msc. pięciolinii T 16 G6
staff / portée, *une* / Notenlinie, die
pięta *rz.rż.* D. pięty Msc. pięcie T 6 D20
heel / talon, *un* / Ferse, die
pigułka *rz.rż.* D. pigułki Msc. pigułce T 25 B3
pill / pilule, *une* / Pille, die
pik *rz.rm.* D. pika Msc. piku T 16 C1
spades / pique, *un* / Pik, das
pilnik *rz.rm.* D. pilnika Msc. pilniku T 29 A5
file / lime, *une* / Feile, die
pilot *rz.rm.* M. *lm* piloci D. pilota Msc. pilocie T 17 K1; T 18-24
pilot / pilote, *un* / Flugzeugführer, der
piła *rz.rż.* D. piły Msc. pile (*zob.* piła do drewna)
piła do drewna T 29 A16
wood saw / scie à bois, *une* / Holzsäge, die
piłka *rz.rż.* D. piłki Msc. piłce T 14 A7 (*zob.* piłka do metalu, piłka nożna)
ball / ballon, *un* / Ball, der
piłka do metalu T 29 A15
hack-saw / scie à métal, *une* / Metallsäge, die
piłka nożna T 14 A
football /ballon de foot, *un* / Fußball, der
piłkarz *rz.rm.* M. *lm* piłkarze D. piłkarza Msc. piłkarzu T 14 A9
footballer / footballeur, *un* / Fußballspieler, der
pingwin *rz.rm.* D. pingwina Msc. pingwinie T 5 E9
penguin / pinguin, *un* / Pinguin, der
pionek *rz.rm.* D. pionka Msc. pionku T 16 A2
pawn / pion, *un* / Bauer, der
piórnik *rz.rm.* D. piórnika Msc. piórniku T 22 B5
pencil-case / trousse, *une* / Federkasten, der; Federtasche, die
pióro *rz.rm.* D. pióra Msc. piórze T 22 B6
pen /plume, *une* / Feder, die
pisać *cz.ndk.* piszę, piszesz T 33 117 napisać *cz.dk.* napiszę, napiszesz
write / écrire / schreiben
pisać na komputerze T 33 120
type / écrire sur l'ordinateur / am Computer schreiben
pisanka *rz.rż.* D. pisanki Msc. pisance T 31 B2
Easter egg / oeuf de Paques, *un* / Osterei, das
pistolet *rz.rm.* D. pistoletu Msc. pistolecie (*zob.* pistolet maszynowy)
pistolet maszynowy T 28 C1
machine gun / mitrailleur, *un* / Maschinenpistole, die
piwo *rz.rn.* D. piwa Msc. piwie T12 B8
beer / bière, *une* / Bier, das
piżama *rz.rż.* D. piżamy Msc. piżamie T 9 D25; T 10 D11
pajamas / pyjama, *un* / Schlafanzug, der
plakat *rz.rm.* D. plakatu Msc. plakacie T 19 A10
poster / affiche, *une* / Plakat, der
plan *rz.rm.* D. planu Msc. planie (*zob.* plan lekcji)
plan lekcji T 22 E10
schedule / emploi du temps, *un* / Stundenplan, der
planeta *rz.rż.* D. planety Msc. planecie T 1 B; T 1 C2
planet / planète, *une* / Planet, der
plaża *rz.rż.* D. plaży Msc. plaży T 15 B
beach / plage, *une* / Strand, der

plecak *rz.rm.* D. plecaka Msc. plecaku T 15 A10; T 22 B2
  backpack / sac à dos, *un* / Rucksack, der
plecy *rz.blp* D. pleców Msc. plecach T 6 D23
  back / dos, *un* / Rücken, der
Pluton *rz.rm.* D. Plutona Msc. Plutonie T 1 B10
  Pluton / Pluton, *un* / Pluton
płacić *cz.ndk.* płacę, płacisz T 33 105 zapłacić *cz.dk.* zapłacę, zapłacisz
  pay / payer / zahlen
płachta *rz.rż.* D. płachty Msc. płachcie T 27 14
  sheet / banne, *une* / Plane, Plache, die
płakać *cz.ndk.* płaczę, płaczesz T 33 159
  cry / pleurer / weinen
płaszcz *rz.rm.* D. płaszcza Msc. płaszczu T 9 A10; T 9 D2
  coat / manteau, *un* / Mantel, der
płatek *rz.rm.* D. płatka Msc. płatku T 4 G3
  petal / pétale, *un* / Blumenblatt, das
płaz *rz.rm.* D. płaza Msc. płazie T 5 D
  amphibian / amphibien, *un* / Lurch, der
płotek *rz.rm.* D. płotka Msc. płotku T 14 R2 (*zob.* bieg przez płotki)
  hurdle / haie, *une* / Hürde, die
płotkarz *rz.rm.* M. *lm* płotkarze D. płotkarza Msc. płotkarzu T 14 R2
  hurdler / coureur dans la course des haies, *un* / Hürdenläufer, der
płuco *rz.rm.* D. płuca Msc. płucu T 6 C2
  lung / poumon, *un* / Lunge, die
pług *rz.rm.* D. pługa Msc. pługu T 21 B7
  plow / charrue, *une* / Pflug, der
płyn *rz.rm.* D. płynu Msc. płynie (*zob.* płyn do kąpieli, płyn do mycia naczń)
płyn do kąpieli T 10 F19
  shower gel / produit de bain, *un* / Duschgel, das
płyn do mycia naczyń T 11 A30
  dishwashing liquid / liquide de vaisselle, *un* / Geschirrspülmittel, das
płynąć *cz.ndk.* płynę, płyniesz T 33 13 popłynąć *cz.dk.* popłynę, popłyniesz
  sail / naviguer / segeln
płyta *rz.rż.* D. płyty Msc. płycie (*zob.* płyta kompaktowa)
płyta kompaktowa T 16 L5
  compact disc / disque compact, *un* / kompakte Schallplatte, die
płytki *przym.* płytszy T 34 37 (*zob.* talerz płytki)
  shallow / plat / flach
pływać *cz.ndk.* pływam, pływasz T 33 12 popływać *cz.dk.* popływam, popływasz
  swim / nager / schwimmen
pływak *rz.rm.* M. *lm* pływacy D. pływaka Msc. pływaku T 14 D4
  swimmer / nageur, *un* / Schwimmer, der
pływanie *rz.rn.* D. pływania Msc. pływaniu T 14 D
  swimming / natation, *une* / Schwimmen, das
pociąg *rz.rm.* D. pociągu Msc. pociągu T 17 D11
  train / train, *un* / Zug, der
pocisk *rz.rm.* D. pocisku Msc. pocisku T 28 C6
  missile / cartouche, *une* / Geschoß, das
poczekalnia *rz.rż.* D. poczekalni Msc. poczekalni T 17 D7
  waiting room / salle d'attente, *une* / Warteraum, der
poczta *rz.rż.* D. poczty Msc. poczcie T 25 A
  post office / poste, *une* / Postamt, das; Post, die
pocztowy *przym.* (*zob.* przekaz pocztowy, urząd pocztowy)

pod *przyim.* T 11 36 2
  under / sous / unter
podawać *cz.ndk.* podaję, podajesz T 33 98 podać *cz.dk.* podam, podasz
  give / passer (qqch à qqn) / geben, überreichen
podium *rz.ndm.* T 14 T3
  podium / podium, *un* / Podium, das
podkładka *rz.rż.* D. podkładki Msc. podkładce T 29 B2
  washer / cale, *une* / Unterlegscheibe, die
podkolanówka *rz.rż.* D. podkolanówki Msc. podkolanówce T 9 A23
  knee-lenght socks / chaussette, *une* / Kniestrümpfe
podkoszulek *rz.rm.* D. podkoszulka Msc. podkoszulku T 9 D24
  undershirt / gilet, *un* / Unterhemd, das
podlewać *cz.ndk.* podlewam, podlewasz T 33 61 podlać *cz.dk.* podleję, podlejesz
  water / arroser / begießen
podłoga *rz.rż.* D. podłogi Msc. podłodze T 10 C23
  floor / sol, *un* / Fußboden, der
podręcznik *rz.rm.* D. podręcznika Msc. podręczniku T 22 B4
  handbook / manuel, *un* / Handbuch, das
podróżny *rz.rm.* M. *lm* podróżni D. podróżnego Msc. podróżnym T 17 K7
  traveller / voyageur, *un* / Reisende, der
podróżować *cz.ndk.* podróżuję, podróżujesz T 33 125
  travel / voyager / reisen
poduszka *rz.rż.* D. poduszki Msc. poduszce T 10 C16; T 10 D7
  pillow / oreiller, *un* / Kissen, das
podwieczorek *rz.rm.* D. podwieczorku Msc. podwieczorku T13 C
  afternoon snack / goûter, *un* / Nachtisch, der; Nachspeise, die; Dessert, das
podwodny *przym.* (*zob.* łódź podwodna)
pogoda *rz.rż.* D. pogody Msc. pogodzie T 3
  weather / temps, *un* / Wetter, das
pojutrze *przysł.* T 30 D3
  day after tomorrow / après demain / übermorgen
pokrywka *rz.rż.* D. pokrywki Msc. pokrywce T 11 A13
  lid / couvercle, *un* / Deckel, der
pole *rz.rn.* D. pola Msc. polu T 21 A11; T 16 A1 (*zob.* pole bramkowe, pole karne,
  pole namiotowe)
  field; square / champ, *un*; case, *une* / Feld, das
pole bramkowe T 14 A15
  goal area / champ de but, *un* / Torraum, der
pole karne T 14 A14
  penalty area / champ de pénalisation, *un* / Strafraum, der
pole namiotowe T 15 A
  campground / camping, *un* / Zeltfeld, das
polecony *przym.* (*zob.* list polecony)
policja *rz.rż.* D. policji Msc. policji T 28 A
  police / police, *une* / Polizei, die
policjant *rz.rm.* M. *lm* policjanci D. policjanta Msc. policjancie T 18 16; T 28 A2
  policeman / policier, *un* / Polizist, der
policyjny *przym.* (*zob.* pies policyjny)
policzek *rz.rm.* D. policzka Msc. policzku T 6 A8
  cheek / joue, *une* / Wange, Backe die
polny *przym.* (*zob.* konik polny)
plaster *rz.rm.* D. plastra Msc. plastrze T 25 B8
  plaster / pansement adhésif, *un* / Pflaster, das

polski *przym.* (*zob.* zwierzęta polskie, polskie święta, język polski)
polskie święta T 31
   Polish holidays / fêtes polonaises / polnische Feiertage, polnische Feste
południe *rz.rn.* D. południa Msc. południu T 2 C4
   south / sud, *un* / Süden, der
południowy *przym.* (*zob.* biegun południowy, południowy wschód,
   południowy zachód)
południowy wschód T 2 C9
   South-East / sud-est, *un* / Südosten, der
południowy zachód T 2 C8
   Sout-West / sud-ouest, *un* / Südwesten, der
pomadka *rz.rż.* D. pomadki Msc. pomadce T12 A16
   chocolate / fondant, *un* / Fondant, der
pomagać *cz.ndk.* pomagam, pomagasz T 33 179 pomóc *cz.dk.* pomogę, pomożesz
   help / aider / helfen
pomarańcza *rz.rż.* D. pomarańczy Msc. pomarańczy T 4 A15
   orange / orange, *une* / Apfelsine, Orange, die
pomarańczowy *przym.* bardziej pomarańczowy T 32 6
   orange / orange / orange(farben)
pomidor *rz.rm.* D. pomidora Msc. pomidorze T 4 B 12; T13 C4
   tomato / tomate, *une* / Tomate, die
pomieszczenie *rz.rn.* D. pomieszczenia Msc. pomieszczeniu (*zob.* pomieszczenie
   gospodarcze)
pomieszczenie gospodarcze T 10 G
   storage room / local d'exploitation, *un* / Abstellraum, der
pomocniczy *przym.* (*zob.* adres pomocniczy)
pomocnik *rz.rm.* M. *lm* pomocnicy D. pomocnika Msc. pomocniku T 14 A10
   assistant / assistant, *un* / Helfer, Gehilfe, der
pompa *rz.rż.* D. pompy Msc. pompie T 27 9
   pump /pompe, *une* / Pumpe, die
pompka *rz.rż.* D. pompki Msc. pompce T 17 G10
   bicycle pump / pompe à pneumatiques, *une* / Fahrradpumpe, die
poniedziałek *rz.rm.* D. poniedziałku Msc. poniedziałku T 30 A1
   Monday / lundi, *un* / Montag, der
popielniczka *rz.rż.* D. popielniczki Msc. popielniczce T 10 C21
   ashtray / cendrier, *un* / Aschenbecher, der
popołudnie *rz.rn.* D. popołudnia Msc. popołudniu T 30 E2
   afternoon / après midi, *un* / Nachmittag, der
por *rz.rm.* D. pora Msc. porze T 4 B6
   leek / poireau, *un* / Pore, die
pora *rz.rż.* D. pory Msc. porze (*zob.* pory dnia, pory roku)
port *rz.rm.* D. portu Msc. porcie T 17 H (*zob.* port lotniczy)
   port / port, *un* / Hafen, der
port lotniczy T 17 J6; T 17 L
   airport / aéroport, *un* / Flughafen, der
portmonetka *rz.rż.* D. portmonetki Msc. portmonetce T 20 C12
   change purse / portmonaie, *une* / Geldbörse, die; Portemonnaie, das
pory dnia T 30 E
   day times / moments de la journée / Tageszeiten
pory roku T 3
   seasons / saisons de l'année / Jahreszeiten
porzeczka *rz.rż.* D. porzeczki Msc. porzeczce T 4 A5
   currant / groseille, *une* / Johannisbeere, die

posiłek *rz.rm.* D. posiłku Msc. posiłku (*zob.* posiłki)
posiłki T 13
   meals / repas, *un* / Mahlzeiten (*Pl.*)
posterunek *rz.rm.* D. posterunku Msc. posterunku T 28 A1
   station house / poste, *un* / Posten, der; Wache, die
postój *rz.rm.* D. postoju Msc. postoju (*zob.* postój taksówek)
postój taksówek T 19 C10
   taxi stand / arrêt de taxi, *un* / Taxistand, der
pośladek *rz.rm.* D. pośladka Msc. pośladku T 6 D25
   buttock / fesse, *une* / Hinterbacke, die; Hinterteil, Gesäß, das
powieka *rz.rż.* D. powieki Msc. powiece (*zob.* cień do powiek)
powietrze *rz.rn.* D. powietrza Msc. powietrzu T3 G2
   air / air, *un* / Luft, die
powiększający *przym.* (*zob.* szkło powiększające)
poziomka *rz.rż.* D. poziomki Msc. poziomce T 4 A10
   wild strawberry / fraise des bois, *une* / Walderdbeere, die
pożar *rz.rm.* D. pożaru Msc. pożarze T 27-1
   fire / incendie, *un* / Brand, der
pożarny *przym.* (*zob.* straż pożarna)
półbut *rz.rm.* D. półbuta Msc. półbucie T 9 A7
   shoe / soulier, *un* / Halbschuh, der
półka *rz.rż.* D. półki Msc. półce T 10 B8; T 20 C1
   shelf / étagère, *une* / Regal, Fach, das
półkula *rz.rż.* D. półkuli Msc. półkuli (*zob.* półkula wschodnia, półkula zachodnia)
półkula wschodnia T 2 D
   eastern hemisphere / hémisphère est / östliche Halbkugel
półkula zachodnia T 2 E
   western hemisphere / hémisphère ouest / westliche Halbkugel
półmisek *rz.rm.* D. półmiska Msc. półmisku T 11 B12
   dish / plat, *un* / Platte, die
północ *rz.rż.* D. północy Msc. północy T 2 C1
   north / nord, *un* / Norden, der
północny *przym.* (*zob.* biegun północny, północny wschód, północny zachód)
północny wschód T 2 C6
   North-East / nord-est, *un* / Nordosten, der
północny zachód T 2 C7
   North-West / nord-ouest, *un* / Nordwesten, der
półnuta *rz.rż.* D. półnuty Msc. półnucie T 16 G10
   half note / note blanche, *une* / Halbnote, die
półwysep *rz.rm.* D. półwyspu Msc. półwyspie T 2 B3
   peninsula / pénninsule, *une* / Halbinsel, die
prababcia *rz.rż.* D. prababci Msc. prababci T 8 2
   great grandmother / arrière grand-mère, *une* / Urgroßmutter, die
pracować *cz.ndk.* pracuję, pracujesz T 33 75
   work / travailler / arbeiten
prać *cz.ndk.* piorę, pierzesz T 33 56   wyprać *cz.dk.* wypiorę, wypierzesz
   wash / laver / waschen
pradziadek *rz.rm.* M. *lm* pradziadkowie D. pradziadka Msc. pradziadku T 8 1
   great grandfather / arrière grand-père, *un* / Urgroßvater, der
pralka *rz.rż.* D. pralki Msc. pralce T 10 E17
   washing machine / machine à laver, *une* / Waschmaschine, die
prasować *cz.ndk.* prasuję, prasujesz T 33 57 wyprasować *cz.dk.* wyprasuję,
  wyprasujesz
   iron / repasser / bügeln

prasowanie *rz.rn.* D. prasowania Msc. prasowaniu (*zob.* deska do prasowania)
prawnuczek *rz.rm.* M. *lm* prawnuczkowie D. prawnuczka Msc. prawnuczku T 8 25
  great grandson / arrière petit-fils, *un* / Urenkel, der
prawnuczka *rz.rż.* D. prawnuczki Msc. prawnuczce T 8 26
  great granddaughter / arrière petite-fille, *une* / Urenkelin, die
prestoplaster *rz.rm.* D. prestoplastra Msc. prestoplastrze T 26 B7
  band aid / sparadrap, *un* / Pflaster, das
prezent *rz.rm.* D. prezentu Msc. prezencie T 31 A6
  present / cadeau, *un* / Geschenk, das
profesor *rz.rm.* M. *lm* profesorowie D. profesora Msc. profesorze T 18 1
  professor / professeur, *un* / Professor, der
program *rz.rm.* D. programu Msc. programie T 16 F12
  program / programme, *un* / Programm, das
projekcyjny *przym.* (*zob.* sala projekcyjna)
prom *rz.rm.* D. promu Msc. promie T 17 I8
  ferry / ferry-boat, *un* / Fähre, die; Fährschiff, das
prosto *przysł.* T 19 B4
  straight / droit / gerade
prostokąt *rz.rm.* D. prostokąta Msc. prostokącie T 22 C4
  rectangle / rectangle, *un* / Rechteck, das
prostopadłościan *rz.rm.* D. prostopadłościanu Msc. prostopadłościanie T 22 D2
  cuboid / parallélépipède, *un* / Rechtflach, das; Quadre, der
prosty *przym.* prostszy T 34 49
  straight / droit / gerade
proszek *rz.rm.* D. proszku Msc. proszku (*zob.* proszek do prania)
proszek do prania T 10 E18
  washing-powder / poudre à laver, *une* / Waschpulver, das
proton *rz.rm.* D. protonu Msc. protonie T 1 A1
  proton / proton, *un* / Proton, das
prowadzić *cz.ndk.* prowadzę prowadzisz (*zob.* prowadzić samochód)
prowadzić samochód T 33 142
  drive a car / conduire une voiture / Auto fahren
próbować *cz.ndk.* próbuję, próbujesz T 33 93 spróbować *cz.dk.* spróbuję, spróbujesz
  taste/ goûter/ probieren
prysznic *rz.rm.* D. prysznica Msc. prysznicu T 10 E9
  shower / douche, *une* / Dusche, die
prysznicowy *przym.* (*zob.* kabina prysznicowa)
przechodzić *cz.ndk.* przechodzę, przechodzisz T 33 21 przejść *cz.dk.* przejdę,
  przejdziesz
  cross / traverser / überqueren
przechowalnia *rz.rż.* D. przechowalni Msc. przechowalni (*zob.* przechowalnia bagażu)
przechowalnia bagażu T 17 D8
  left-luggage office / consigne, *une* / Gepäckaufbewahrung, die
przed *przyim.* T 36 4
  before / devant / vor
przedmiot *rz.rm.* D. przedmiotu Msc. przedmiocie (*zob.* przedmioty szkolne)
przedmioty szkolne T 22 E
  school subjects / matières d'école / Schulfächer (*Pl.*)
przedni *przym.* (*zob.* przednia szyba)
przednia szyba T 17 F1
  windshield / pare-brise, *un* / Frontscheibe, Windschutzscheibe, die
przedpokój *rz.rm.* D. przedpokoju Msc. przedpokoju T 10 B
  hall / antichambre, *une* / Vorzimmer, das

222

przedwczoraj *przysł.* T 30 D5
  day before yesterday / avant hier / vorgestern *Sprichwort*
przedział *rz.rm.* D. przedziału Msc. przedziale T 17 D18
  compartment / compartiment, *un* / Abteil, das
przegrywać *cz.ndk.* przegrywam, przegrywasz T 33 41 przegrać *cz.dk.* przegram,
  przegrasz
  lose / perdre / verlieren, verspielen
przejście *rz.rn.* D. przejścia Msc. przejściu T 19 C17
  passage / passage, *un* / Übergang, der
przekaz *rz.rm.* D. przekazu Msc. przekazie (*zob.* przekaz pocztowy)
  przekaz pocztowy T 25 2
  money order / mandat postal, *un* / Postanweisung, die
przepis *rz.rm.* D. przepisu Msc. przepisie T 11 A21
  recipe / recette, *une* / Kochrezept, das
przerwa *rz.rż.* D. przerwy Msc. przerwie T 22 E9
  break / récréation, *une* / Pause, die
przerywany *przym.* (*zob.* linia przerywana)
przestępca *rz.rm.* M *lm* przestępcy D. przestępcy Msc. przestępcy T 28 A6
  criminal / malfaiteur, *un* / Verbrecher, der
przesyłka *rz.rż.* D. przesyłki Msc. przesyłce (*zob.* przesyłki)
przesyłki T 25 B
  parcels / envois / Sendungen
przeszkadzać *cz.ndk.* przeszkadzam, przeszkadzasz T 33 180 przeszkodzić *cz.dk.*
  przeszkodzę, przeszkodzisz
  disturb / déranger / stören
prześcieradło *rz.rn.* D. prześcieradła Msc. prześcieradle T 10 D9
  sheet / drap, *un* / Laken, der
przewracać się *cz.ndk.* przewracam, przewracasz T 33 8 przewrócić się *cz.dk.*
  przewrócę, przewrócisz
  fall / renverser (se) / umstürzen, umfallen
przez *przyim.* T 36 13
  across / par / durch
przy *przyim.* T 36 9
  near / près de / bei, an
przybory *rz.lm* D. przyborów Msc. przyborach (*zob.* przybory do szycia, przybory
  toaletowe, przybory szkolne)
przybory do szycia T 10 H
  sawing accessories / ustensils à coudre / Nähzeug, das
przybory szkolne T 22 B
  school accessories / fournitures scolaires / Schulartikel
przybory toaletowe T 10 F
  toiletries / objets de toilette / Toilettenartikel
przychodnia *rz.rż.* D. przychodni Msc. przychodni T 25 A
  clinic / dispensaire, *un* / Ambulanz, die; Ambulatorium, das
przyczepa *rz.rż.* D. przyczepy Msc. przyczepie T 17 B4 (*zob.* przyczepa campingowa)
  trailer / remorque, *une* / Anhänger, der
przyczepa campingowa T 15 A1; T 17 B2
  camper / voiture de camping, *une* / Wohnanhänger, der
przyimek *rz.rm.* D. przyimka Msc. przyimku T 11 36
  preposition / préposition, *une* / Präposition, die
przyjazd *rz.rm.* D. przyjazdu Msc. przyjeździe (*zob.* przyjazdy)
przyjazdy T 17 D4
  arrivals / arrivées / Ankünfte

przymiotnik *rz.rm.* D. przymiotnika Msc. przymiotnik T 34
 adjective / adjectif, *un* / Adjektiv, das
przyprawa *rz.rż.* D. przyprawy Msc. przyprawie T 13 E12 (*zob.* cukier, pieprz, sól)
 seasoning / condiment, *un* / Gewürz, das
przyroda *rz.rż.* D. przyrody Msc. przyrodzie T 3 G
 nature / nature, *une* / Natur, Naturkunde die
przystanek *rz.rm.* D. przystanku Msc. przystanku (*zob.* przystanek autobusowy,
 przystanek tramwajowy)
przystanek autobusowy T 19 C18
 bus stop / arrêt de bus, *un* / Bushaltestelle, die
przystanek tramwajowy T 19 C13
 streetcar stop / arrêt de tramway, *un* / S-Bahn-Station, die
pszczoła *rz.rż.* D. pszczoły Msc. pszczole T 5 F 2
 bee / abeille, *une* / Biene, die
pszenica *rz.rż.* D. pszenicy Msc. pszenicy T 4 C2
 wheat / froment, *un* / Weizen, der
pudełko *rz.rn.* D. pudełka Msc. pudełku (*zob.* pudełko zapałek)
pudełko zapałek T 13 E13
 matchbox / boite d'allumettes, *une* / Streichholzschachtel, die
puder *rz.rm.* D. pudru Msc. pudrze T 10 F4
 powder / poudre de toilette, *une* / Puder, der
pukać *cz.ndk.* pukam, pukasz T 33 42 zapukać *cz.ndk.* zapukam, zapukasz
 knock / frapper / klopfen
pusty *przym.* puściejszy T 34 48
 empty / vide / leer
puszczać *cz.ndk.* puszczam, puszczasz T 33 35 puścić *cz.dk.* puszczę, puścisz
 drop / lâcher / lassen, fallen lassen
puzon *rz.rm.* D. puzonu Msc. puzonie T 16 H11
 trombone / trombone, *un* / Posaune, die
ptak *rz.rm.* D. ptaka Msc. ptaku T 5 E
 bird / oiseau, *un* / Vogel, der
pytać *cz.ndk.* pytam, pytasz T 33 113 zapytać *cz.dk.* zapytam, zapytasz
 ask / demander / fragen

rachunek *rz.rm.* D. rachunku Msc. rachunku T 13 E8; T 20 C13
 check / sales slip, *une* / Rechnung, die
radio-magnetofon *rz.rm.* D. radio-magnetofonu Msc. radio-magnetofonie T 10 C10
 tape recorder / radio-magnétophone, *un* / Radiorekorder, der
radiowóz *rz.rm.* D. radiowozu Msc. radiowozie T 28 A11
 police car / voiture de police, *une* / Streifwagen, der
rajstopy *rz.blp* D. rajstop Msc. rajstopach T 9 A6
 tights / collant, *un* / Strumpfhose, die
Rak *rz.rm.* D. Raka Msc. Raku (*zob.* Zwrotnik Raka)
rakieta *rz.rż.* D. rakiety Msc. rakiecie T 14 E1; T 28 C7
 racket; rocket / raquette, *une*; fussée, *une* / Rakett, das; Rakette, die
rama *rz.rż.* D. ramy Msc. ramie T 17 G9
 frame / cadre, *un* / Rhamen, der
ramię *rz.rn.* D. ramienia Msc. ramieniu T 6 D5
 arm / bras, *un* / Arm, der
rano *przysł.* T 30 E1
 morning / matin / morgen

rąbać *cz.ndk.* rąbię, rąbiesz T 33 49 porąbać *cz.dk.* porąbię, porąbiesz
   chop / fendre / (zer)hacken

recepta *rz.rż.* D. recepty Msc. recepcie T 25 D5
   prescription / préscription, *une* / Rezept, das

reda *rz.rż.* D. redy Msc. redzie T 17 H1
   roadstead / rade, *une* / Reede, die

reflektor *rz.rm.* D. reflektora Msc. reflektorze T 17 E13; T 16 F6
   headlight, floodlight / réflecteur, *un* / Reflektor, Scheinwerfer, der

regał *rz.rm.* D. regału Msc. regale T 10 C3
   bookshelf / étagère, *une* / Regal, Gestell, das

rejestracja *rz.rż.* D. rejestracji Msc. rejestracji T 26 A1
   registration / enregistrement, *un* / Registrierung, die

rekin *rz.rm.* D. rekina Msc. rekinie T 5 D2
   shark / requin, *un* / Hai, der

reklama *rz.rż.* D. reklamy Msc. reklamie T 19 A4; T 19 C19
   billboard / publicité, *une* / Werbung, die

rekreacja *rz.blm* D. rekreacji Msc. rekreacji T 15
   recreation / récréation, *une* /Freizeit, Erholung, die

restauracja *rz.rż.* D. restauracji Msc. restauracji T 13 E; T 19 C3
   restaurant / restaurant, *un* /Restaurant, das

rewolwer *rz.rm.* D. rewolwera Msc. rewolwerze T 28 C3
   revolver / revolver, *un* / Revolver, der

ręcznik *rz.rm.* D. ręcznika Msc. ręczniku T 10 E3
   towel / serviette, *une* / Handtuch, das

ręczny *przym.* (*zob.* hamulec ręczny, wiertarka ręczna)

ręka *rz.rż.* D. ręki Msc. ręce T 6 D4 (*zob.* szczoteczka do rąk)
   hand / main, *une* /Hand, die

rękaw *rz.rm.* D. rękawa Msc. rękawie T 9 D14
   sleeve / manche, *une* / Ärmel, der

rękawica *rz.rż.* D. rękawicy Msc. rękawicy T 14 K2
   glove / gant, *un* / Handschuh, der

rękawiczka *rz.rż.* D. rękawiczki Msc. rękawiczce T 9 B6; T 9 D4
   glove / gant, *un* / Handschuh, der

ring *rz.rm.* D. ringu Msc. ringu T 14 K3
   ring / ring, *un* / Ring, der

robić *cz.ndk.* robię, robisz; zrobić *cz.dk.* zrobię, zrobisz
   do / faire / machen

robić na drutach T 33 123
   knit / tricotter / stricken

robot *rz.rm.* D. robota Msc. robocie T 11 A10
   robot / robot, *un* / Roboter, der; Automat, das

rodzić się *cz.ndk.* rodzę, rodzisz T 33 78 urodzić się, *cz.dk.* urodzę, urodzisz
   be born / naître / geboren werden, zur Welt kommen

rok *rz.rm.* M. *lm* lata D. roku Msc. roku T 30 F7
   year / an, *un* / Jahr, das

roleta *rz.rż.* D. rolety Msc. rolecie T 10 J1
   shade / store, *un* / Rolladen, der; Rollo, das

rolki *rz.blp* D. rolek Msc. rolkach (*zob.* jeździć na rolkach)

rolnik *rz.rm.* M. *lm* rolnicy D. rolnika Msc. rolniku T 18 10
   farmer / agriculteur, *un* / Bauer, Landwirt, der

rondel *rz.rm.* D. rondla Msc. rondlu T 11 A15
   saucepan / casserole, *une* / Schmortopf, der

rondo *rz.rn.* D. ronda Msc. rondzie T 17 A4
   traffic circle / rond-point, *une* / Kreisel, der

rosnąć *cz.ndk.* rosnę, rośniesz T 33 80 urosnąć *cz.dk.* urosnę, urośniesz
grow / grandir / wachsen
rower *rz.rm.* D. roweru Msc. rowerze T 14 G2; T 17 G; T 19 C 14 (*zob.* rower wodny,
jeździć na rowerze)
bicycle / vélo, *un* / Fahrrad, das
rower wodny T 15 B19
water bicycle / pédalo, *un* / Wasserfahrrad, das
rozbierać się *cz.ndk.* rozbieram, rozbierasz T 33 77 rozebrać się *cz.dk.* rozbiorę,
rozbierzesz
undress / déshabiller (se) / ausziehen, sich
rozdzielczy *przym.* (*zob.* deska rozdzielcza)
rozkład *rz.rm.* D. rozkładu Msc. rozkładzie (*zob.* rozkład jazdy)
rozkład jazdy T 17 C2; T 17 D3
schedule / horaire des trains, *un* / Abfahrtsplan, der
rozmawiać *cz.ndk.* rozmawiam, rozmawiasz T 33 159, porozmawiać *cz.dk.*
porozmawiam, porozmawiasz
talk / discuter / unterhalten, sich
rozrywka *rz.rż.* D. rozrywki Msc. rozrywce (*zob.* rozrywki)
rozrywki T 16
entertainments / distractions / Unterhaltungen (*Pl.*)
rozumieć *cz.ndk.* rozumiem, rozumiesz T 33 174 zrozumieć *cz.dk.* zrozumiem,
zrozumiesz
understand / comprendre / verstehen
równik *rz.rm.* D. równika Msc. równiku T 2 A5
equator / équateur, *un* / Äquator, der
równoleżnik *rz.rm.* D. równoleżnika Msc. równoleżniku T 2 A6
parallel / parallèle, *un* / Breitenkreis, der
równoważnia *rz.rż.* D. równoważni Msc. równoważni T 14 S4
balance beam / poutre d'équilibre, *un* / Schwebebalken, der
róża *rz.rż.* D. róży Msc. róży T 4 D1
rose / rose, *une* / Rose, die
różowy *przym.* bardziej różowy T 32 10
pink / rose / rosa(farben), rosig
ruch *rz.rm.* D. ruchu Msc. ruchu (*zob.* pas ruchu)
rura *rz.rż.* D. rury Msc. rurze (*zob.* rura wydechowa)
rura wydechowa T 17 E10
tailpipe / tuyau d'échappement, *un* / Auspuffrohr, das
ryba *rz.rż.* D. ryby Msc. rybie T 5 D; T13 C3
fish / poisson, *un* / Fisch, der
rynna *rz.rż.* D. rynny Msc. rynnie T 10 A4
downspout / goutière, *une* / Rinne, Traufe, die
rysować *cz.ndk.* rysuję, rysujesz T 33 119 narysować *cz.dk.* narysuję, narysujesz
draw / dessiner / zeichnen
ryś *rz.rm.* D. rysia Msc. rysiu T 5 B6
lynx / lynx, *un* / Luchs, der
rząd *rz.rm.* D. rzędu Msc. rzędzie T 16 E2
row / rang, *un* / Reihe, die
rzeka *rz.rż.* D. rzeki Msc. rzece T 2 B7; T 21 A4
river / rivière, *une* / Fluß, der
rzeźbiarz *rz.rm.* M. *lm* rzeźbiarze D. rzeźbiarza Msc. rzeźbiarzu T 18 39
sculptor / sculpteur, *un* / Bildhauer, der
rzeźnik *rz.rm.* M. *lm* rzeźnicy D. rzeźnika Msc. rzeźniku T 18 30
butcher / boucher, *un* / Metzger, der

rzęsa *rz.rż.* D. rzęsy Msc. rzęsie T 6 A5 (*zob.* tusz do rzęs)
  eyelash / cil, *un* / Wipmer, die
rzodkiewka *rz.rż.* D. rzodkiewki Msc. rzodkiewce T 4 B15
  radish / radis, *un* / Radieschen, das
rzucać *cz.ndk.* rzucam, rzucasz T 33 33 rzucić *cz.dk.* rzucę, rzucisz
  throw / jeter / werfen
rzut *rz.rm.* D. rzutu Msc. rzucie (*zob.* rzut oszczepem)
rzut oszczepem   T 14 N
  javelin throw / lancée de javelot, *une* / Speerwurf, der

sad *rz.rm.* D. sadu Msc. sadzie T 21 B17
  orchard / verger, *un* / Obstgarten, der
saksofon *rz.rm.* D. saksofonu Msc. saksofonie T 16 H9
  saxophone/ saxophone, *un* / Saxofon, das
sala *rz.rż.* D. sali Msc. sali (*zob.* sala odpraw)
sala odpraw T 17 L1
  check-in / contrôle des passeports, *un* / Abfertigungssaal, der
salaterka *rz.rż.* D. salaterki Msc. salaterce T 11 B13
  salad bowl / saladier, *un* / Schüssel, die
sałata *rz.rż.* D. sałaty Msc. sałacie T 4 B9
  lettuce / laitue, *une* / Kopfsalat, der
sałatka *rz.rż.* D. sałatki Msc. sałatce T13 B7
  salad / salade, *une* / Salat, der
samochód *rz.rm.* D. samochodu Msc. samochodzie T 17 B1 (*zob.* prowadzić
  samochód, samochód kombi)
  car / voiture, *une* / Auto, das; Wagen, der
samochód kombi T 17 B7
  stationwagen / voiture familiale, *une* / Kombiwagen, der
samolot *rz.rm.* D. samolotu Msc. samolocie T 17 J4; T 17 K
  aeroplane / avion, *un* / Flugzeug, das
sandał *rz.rm.* D. sandału Msc. sandale T 9 A24
  sandal / sandale, *une* / Sandale, die
saneczkarstwo *rz.rn.* D. saneczkarstwa Msc. saneczkarstwie T 14 J
  tobogganing / sport de luge, *un* / Rodeln, das
saneczkarz *rz.rm.* M. *lm* saneczkarze D. saneczkarza Msc. saneczkarzu T 14 J1
  tobogganer / sportif de luge, *un* / Rodler, der
sanitariusz *rz.rm.* M. *lm* sanitariusze D. sanitariusza Msc. sanitariuszu T 25 F2
  hospital orderly / infirmier, *un* / Sanitäter, der
sanki *rz.blp* D. sanek Msc. sankach T 14 J2
  sled / luge, *une* / Schliten, der
sarna *rz.rż.* D. sarny Msc. sarnie T 5 B8
  roe / chevreuil, *un* / Reh, das
Saturn *rz.rm.* D. Saturna Msc. Saturnie T 1 B7
  Saturn / Saturne, *un* / Saturn
sąsiad *rz.rm.* M. *lm* sąsiedzi D. sąsiada Msc. sąsiedzie T 2 E
  neighbor / voisin, *un* / Nachbar, der
scena *rz.rż.* D. sceny Msc. scenie T 16 F1
  stage / scène, *une* / Bühne, die
schody *rz.blp* D. schodów Msc. schodach T 10 B12
  stairs / escalier, *un* / Treppe, die

scyzoryk *rz.rm.* D. scyzoryka Msc. scyzoryku T29 A6
  pocket knife / couteau suisse, *un* / Taschenmesser, das
segregator *rz.rm.* D. segregatora Msc. segregatorze T 23 5
  file / classeur, *un* / Ordner, der
sekator *rz.rm.* D. sekatora Msc. sekatorze T 29 C8
  secateurs / sécateur, *un* / Gartenschere, die
sekretarka *rz.rż.* D. sekretarki Msc. sekretarce T 18 37; T 23 2
  secretary / secretaire, *une* / Sekretärin, die
sekunda *rz.rż.* D. sekundy Msc. sekundzie T 30 F1
  second / seconde, *une* / Sekunde, die
sekundnik *rz.rm.* D. sekundnika Msc. sekundniku T 30 C6
  second hand / trotteuse, *une* / Sekundenzeiger, der
seler *rz.rm.* D. selera Msc. selerze T 4 B7
  celery / céleri, *un* / Sellerie, die
semafor *rz.rm.* D. semafora Msc. semaforze T 17 D17
  semaphore / sémaphore, *un* / Signal, das
ser *rz.rm.* D. sera Msc. serze (*zob.* ser biały, ser żółty)
ser biały T13 A3; T12 A4
  cottage cheese / fromage blanc, *un* / Weißkäse, der; Quark, der
ser żółty T13 A2; T12 A5
  cheese / fromage jaune, *un* / Käse, der
serek *rz.rm.* D. serka Msc. serku (*zob.* serek topiony)
serek topiony T12 A6
  fromage frais / fromage fondu, *un* / Käseaufstrich, der, Schmelzkäse, der
serce *rz.rn.* D. serca Msc. sercu T 6 C3
  heart / coeur, *un* / Herz, das
seria *rz.rż.* D. serii Msc. serii T 16 J2
  series / serie, *une* / Serie, die
sędzia *rz.rm.* M. *lm* sędziowie D. sędziego Msc. sędzim T 14 A5; T 18 31
  judge / juge, *un* / Richter, der
siatka *rz.rż.* D. siatki Msc. siatce T 14 B2; T 14 E3; T 20 C17
  net / filet, *un* / Netz, das
siatkarz *rz.rm.* M. *lm* siatkarze D. siatkarza Msc. siatkarzu T 14 B1
  volleyball player / joueur de volley-ball, *un* / Volleyballspieler, der
siatkówka *rz.rż.* D. siatkówki Msc. siatkówce T 14 B (*zob.* grać w siatkówkę)
  volleyball / volley-ball, *un* / Volleyball, der
siedzenie *rz.rn.* D. siedzenia Msc. siedzeniu T 17 F5
  seat / siège, *un* / Sitz, der
siedzieć *cz.ndk.* siedzę, siedzisz T 33 2 usiąść *cz.dk.* usiądę, usiądziesz
  sit / assoir (s') / sitzen
siekierka *rz.rż.* D. siekierki Msc. siekierce T 29 A17
  axe / hachette, *une* / Beilchen, das; kleine Axt
sierp *rz.rm.* D. sierpa Msc. sierpie T 21 B13
  sickle / faucille, *une* / Sichel, die
sierpień *rz.rm.* D. sierpnia Msc. sierpniu T 30 B8
  August / août, *un* / August, der
sikawka *rz.rż.* D. sikawki Msc. sikawce T 27 11
  fire hose / tuyau de refoulement, *un* / Feuerspritze, die
silnik *rz.rm.* D. silnika Msc. silniku T 17 E12
  engine / moteur, *un* / Motor, der
silny *przym.* silniejszy T 34 18
  strong / fort / stark, kräftig

siodełko *rz.rn.* D. siodełka Msc. siodełku T 17 G8
  saddle / selle, *un* / Sattel, der
siostra *rz.rż.* D. siostry Msc. siostrze T 8 12
  sister / soeur, *une* / Schwester, die
siostrzenica *rz.rż.* D. siostrzenicy Msc. siostrzenicy T 8 22
  niece / nièce, *une* / Nichte, die
siostrzeniec *rz.rm.* M. *lm* siostrzeńcy D. siostrzeńca Msc. siostrzeńcu T 8 21
  nephew / neveu, *un* / Neffe, der
skakać *cz.ndk.* skaczę, skaczesz T 33 7 skoczyć *cz.dk.* skoczę, skoczysz
  jump / sauter / springen
skala *rz.rż.* D. skali Msc. skali T3 F2
  scale / échelle, *une* / Skala, die
skarpetka *rz.rż.* D. skarpetki Msc. skarpetce T 9 A17; T 9 D18
  sock / socquette, *une* / Socke, die
sklep *rz.rm.* D. sklepu Msc. sklepie (*zob.* sklep jarzynowy, sklep obuwniczy,
  sklep odzieżowy, sklep spożywczy, sklepy)
sklep jarzynowy T 20 B3
  greengrocer's / magasin de légumes, *un* / Gemüsegeschäft, das
sklep obuwniczy T 20 B4
  shoe shop / magasin de chaussures, *un* / Schuhgeschäft, das
sklep odzieżowy T 20 B6
  clothes shop / magasin de vêtements, *un* / Konfektionsgeschäft, das
sklep spożywczy T 20 B2
  grocer's / magasin d'alimentation, *un* / Lebensmittelgeschäft, das
sklepy T 20 B
  shops / magasins / Geschäfte (*Pl.*)
skoczek *rz.rm.* M. *lm* skoczkowie D. skoczka Msc. skoczku T 14 P1
  jumper / sauteur, *un* / Springer, der
skok *rz.rm.* D. skoku Msc. skoku (*zob.* skok o tyczce, skok w dal)
skok o tyczce T 14 O
  pole vault / saut à la perche, *un* / Stabhochsprung, der
skok w dal T 14 P
  long jump / saut en longeur, *un* / Weitsprung, der
skrzynia *rz.rż.* D. skrzyni Msc. skrzyni (*zob.* skrzynia biegów)
skrzynia biegów T 17 F12
  gearbox / boîte de vitesse, *une* / Schaltgetriebe, das
skrzynka *rz.rż.* D. skrzynki Msc. skrzynce (*zob.* skrzynka na listy)
skrzynka na listy T 10 A14; T 25 A2
  mailbox / boîte aux lettres, *une* / Briefkasten, der
skrzypce *rz.blp* D. skrzypiec Msc. skrzypcach T 16 H1
  violin / violon, *un* / Violine, die
skrzyżowanie *rz.rn.* D. skrzyżowania Msc. skrzyżowaniu T 19 C
  crossing / carrefour, *un* / Kreuzung, die
slipy *rz.blp* D. slipów Msc. slipach T 9 D23
  swimming trunks / slip, *un* / Unterhose, die
słaby *przym.* słabszy T 34 20
  weak / faible / schwach
słodki *przym.* słodszy T 34 42
  sweet / sucré / süß
słodzić *cz.ndk.* słodzę, słodzisz T 33 96 posłodzić *cz.dk.* posłodzę, posłodzisz
  sweeten / sucrer / süßen
słoik *rz.rm.* D. słoika Msc. słoiku T 10 G1; T 20 C3
  jar / pot, *un* / (Einmach-)Glas, das

słomka *rz.rż.* D. słomki Msc. słomce T 13 E9
  straw / paille, *une* / Trinkhalm, der
słonecznik *rz.rm.* D. słonecznika Msc. słoneczniku T 4 D10
  sunflower / tournesol, *un* / Sonnenblume, die
słoneczny *przym.* (*zob.* okulary słoneczne, układ słoneczny)
słoń *rz.rm.* D. słonia Msc. słoniu T 5 C4
  elephant / éléphant, *un* / Elefant, der
Słońce *rz.rn.* D. Słońca Msc. Słońcu T1 B1; T 3 E1; T 3 G1
  sun / soleil, *un* / Sonne, die
słowo *rz.rn.* D. słowa Msc. słowie T 22 A4
  word / mot, *un* / Wort, das
słuchać *cz.ndk.* słucham, słuchasz T 33 150 posłuchać *cz.dk.* posłucham, posłuchasz
  listen / écouter / hören, zuhören
słuchawki *rz.blp* D. słuchawek Msc. słuchawkach T 25 D2
  earphones / écouteur, *un* / Hörer, der
słupek *rz.rm.* D. słupka Msc. słupku T 14 D2
  post / poteau (petit), *un* / Pfeiler, der
smażyć *cz.ndk.* smażę, smażysz T 33 89 usmażyć *cz.dk.* usmażę, usmażysz
  fry / frire / frittieren
smoczek *rz.rm.* D. smoczka Msc. smoczku T 10 D21
  pacifier / tétine, *une* / Sauger, Schnuller, der
smutny *przym.* smutniejszy T 34 19
  sad / triste / traurig
smycz *rz.rż.* D. smyczy Msc. smyczy T 28 A10
  leash / laisse, *une* / Hundeleine, die
snopek *rz.rm.* D. snopka Msc. snopku T 21 A13
  sheaf / gerbe (petite), *une* / Garbe, Büschel, die
sobota *rz.rż.* D. soboty Msc. sobocie T 30 A6
  Saturday / samedi, *un* / Samstag, Sonnabend der
sok *rz.rm.* D. soku Msc. soku (*zob.* sok owocowy)
sok owocowy T12 B6
  fruit juice / jus de fruits, *un* / Fruchtsaft, Obstsaft, der
solić *cz.ndk.* solę, solisz T 33 95 posolić *cz.dk.* posolę, posolisz
  salt / saler / salzen
sonda *rz.rż.* D. sondy Msc. sondzie T 26 C4
  probe / sonde, *une* / Sonde, die
sosna *rz.rż.* D. sosny Msc. sośnie T 4 E7
  pine tree / pin, *un* / Föhre, Kiefer, die
sowa *rz.rż.* D. sowy Msc. sowie T 5 E2
  owl / hibou, *un* / Eule, die
sól *rz.rż.* D. soli Msc. soli T 13 B8
  salt / sel, *un* / Salz, der
spacerować *cz.ndk.* spaceruję, spacerujesz T 33 9 pospacerować *cz.dk.*
  pospaceruję, pospacerujesz
  walk / promener (se) / spazieren
spać *cz.ndk.* śpię, śpisz T 33 65 pospać *cz.dk.* pośpię, pośpisz
  sleep / dormir / schlafen
spadochron *rz.rm.* D. spadochronu Msc. spadochronie T 28 B11
  parachute / parachute, *un* / Fallschirm, der
spadochroniarz *rz.rm.* M *lm* spadochroniarze D. spadochroniarza
  Msc. spadochroniarzu T28 B12
  parachutist / parachutiste, *un* / Fallschirmspringer, der

spiker *rz.rm.* M. *lm* spikerzy D. spikera Msc. spikerze T 18 35
  announcer / speaker, *un* / Sprecher, Ansager, der
spinacz *rz.rm.* D. spinacza Msc. spinaczu T 23 24
  paper clip / trombone, *un* / Heftklammer, die
spinka *rz.rż.* D. spinki Msc. spince (*zob.* spinka do włosów)
spinka do włosów T 10 F11
  hairpin / pince à cheveux, *une* / Haarspange, die
spodek *rz.rm.* D. spodka Msc. spodku T 11 B6
  saucer / soucoupe, *une* / Untertasse, die
spodnie *rz.blp* D. spodni Msc. spodniach T 9 A4; T 9 D11
  pants / pantalon, *un* / Hose, die
sport *rz.rm.* D. sportu Msc. sporcie T 14
  sport / sport, *un* / Sport, der
sportowy *przym.* (*zob.* sport, dyscypliny sportowe)
spożywczy *przym.* (*zob.* artykuły spożywcze, sklep spożywczy)
sprzątaczka *rz.rż.* D. sprzątaczki Msc. sprzątaczce T 18 18
  cleaning lady / femme de ménage, *une* / Putzfrau, die
sprzątać *cz.ndk.* sprzątam, sprzątasz T 33 55 posprzątać *cz.dk.* posprzątam,
  posprzątasz
  clean / nettoyer / aufräumen
sprzedawać *cz.ndk.* sprzedaję, sprzedajesz T 33 104 sprzedać *cz.dk.* sprzedam,
  sprzedasz
  sell / vendre / verkaufen
sprzedawca *rz.rm.* M. *lm* sprzedawcy D sprzedawcy Msc. sprzedawcy T 18 17
  seller / vendeur, *un* / Verkäufer, der
sprzedaż *rz.rż.* D. sprzedaży Msc. sprzedaży T 24 5
  sale / vente, *une* / Verkauf, der; Veräußerung, die
sprzęgło *rz.rm.* D. sprzęgła Msc. sprzęgle T 17 F7
  clutch / embrayage, *un* / Kupplung, die
stacja *rz.rż.* D. stacji Msc. stacji (*zob.* stacja benzynowa)
stacja benzynowa T 17 A10
  gas station / station d'essence, *une* / Tankstelle, die
stacyjka *rz.rż.* D. stacyjki Msc. stacyjce T 17 F6
  ignition switch / contact, *un* / Zündschloß, das
stać *cz.ndk.* stoję, stoisz T 33 1 stanąć *cz.dk.* stanę, staniesz
  stand / tenir (se) / stehen
stadion *rz.rm.* D. stadionu Msc. stadionie T 14 A1
  stadium / stade, *un* / Stadion, das
stajnia *rz.rż.* D. stajni Msc. stajni T 21 B3
  stable / écurie, *une* / Pferdestall, der
stanowisko *rz.rm.* D. stanowiska Msc. stanowisku T 17 C3
  stand / poste, *un* / Posten, der
staruszek *rz.rm.* M. *lm* staruszkowie D. staruszka Msc. staruszku T 7 A3
  old man / vieillard, *un* / alter Mann, Alterchen, das
staruszka *rz.rż.* D. staruszki D. staruszce T 7 A4
  old woman / vieille femme, *une* / altes Mütterchen, alte Frau
startowy *przym.* (*zob.* pas startowy)
stary *przym.* starszy T 34 21; T 34 23
  old / vieux / alt
starzeć się *cz.ndk.* starzeję, starzejesz T 3384 postarzeć się *cz.dk.* postarzeję, postarzejesz
  grow old / vieillir / altern, alt werden
statek *rz.rm.* D. statku Msc. statku T 17 H8; T 17 H5
  ship / bateau, *un* / Schiff, das

staw *rz.rm.* D. stawu Msc. stawie T 21 A9
   pond / étang, *un* / Teich, der
stempel *rz.rm.* D. stempla Msc. stemplu T 25 C1
   stamp / cachet, *un* / Stempel, der
stewardessa *rz.rż.* D. stewardessy Msc. stewardessie T 17 K2
   flight attendant / hôtesse de l'air, *une* / Stewardess, die
stodoła *rz.rż.* D. stodoły Msc. stodole T 21 B2
   barn / grange, *une* / Scheune, die
stoisko *rz.rn.* D. stoiska Msc. stoisku T 20 C4
   stall / stand, *un* / Stand, der
stokrotka *rz.rż.* D. stokrotki Msc. stokrotce T 4 D7
   daisy / pâquerette, *une* / Gänseblümchen, das
stolarz *rz.rm.* M. *lm* stolarze D. stolarza Msc. stolarzu T 18 20
   joiner / menuisier, *un* / Tischler, Schreiner, der
stolica *rz.rż.* D. stolicy Msc. stolicy T 2 E18
   capital / capitale, *une* / Hauptstadt, die
stolik *rz.rm.* D. stolika Msc. stoliku T 10 B15; T 13 E11
   small table / table (petite), *une* / Tischlein, das
stołowy *przym.* (*zob.* nakrycie stołowe)
stopa *rz.rż.* D. stopy Msc. stopie T 6 D18
   foot / pied, *un* / Fuß, der
stóg *rz.rm.* D. stogu Msc. stogu T 21 A16
   stack / meule, *une* / Schober, der
stół *rz.rm.* D. stołu Msc. stole T 10 C20; T 11 A24
   table / table, *une* / Tisch, der
strach *rz.rm.* D. stracha Msc. strachu (*zob.* strach na wróble)
strach na wróble T 21 A12
   scarecrow / épouvantail, *un* / Vogelscheuche, die
stragan *rz.rm.* D. straganu Msc. straganie T 19 A16
   stand / étalage, *un* / Marktsstand, der
straż *rz.rż.* D. straży Msc. straży (*zob.* straż pożarna)
straż pożarna T 27
   fire department / pompier, *un* / Feuerwehr, die
strażacki *przym.* (*zob.* wóz strażacki)
strażak *rz.rm.* M. *lm* strażacy D. strażaka Msc. strażaku T 18 32; T 27 5
   firefighter / pompier, *un* / Feuerwehrmann, der
strażnik *rz.rm.* M. *lm* strażnicy D. strażnika Msc. strażniku T 28 A17
   guard / garde, *un* / Wärter, der
strona *rz.rż.* D. strony Msc. stronie T 16 I10
   page / page, *une* / Seite, die
strumyk *rz.rm.* D. strumyka Msc. strumyku T 21 A2
   brook / ruisseau (petit), *un* / Bächlein, das
struś *rz.rm.* D. strusia Msc. strusiu T 5 E8
   ostrich / autruche, *une* / Straußvogel, der
strzyc *cz.ndk.* strzygę, strzyżesz T 33 47 ostrzyc *cz.dk.*, ostrzygę, ostrzyżesz
   cut / tondre / schneiden, scheren
strzykawka *rz.rż.* D. strzykawki Msc. strzykawce T 25 E3
   syringe / seringue, *une* / Injektionsspritze, die
student *rz.rm.* M. *lm* studenci D. studenta Msc. studencie T 18 2
   student / étudiant, *un* / Student, der
studiować *cz.ndk.* studiuję, studiujesz T 33 82
   study / étudier / studieren

studnia *rz.rż.* D. studni Msc. studni T 21 B10
  well / puit, *un* / Brunnen, der
styczeń *rz.rm.* D. stycznia Msc. styczniu T 30 B1
  January / janvier, *un* / Januar, der
suchy *przym.* suchszy T 34 45
  dry / sec / trocken
sufit *rz.rm.* D. sufitu Msc. suficie T 10 C1
  ceiling / plafond, *un* / Decke, die
sukienka *rz.rż.* D. sukienki Msc. sukience T 9 A12
  dress / robe, *une* / Kleid, das
supermarket *rz.rm.* D. supermarketu Msc. supermarkecie T 20 B9
  supermarket / supermarché, *un* / Supermarkt, der
surfingowy *przym.* (*zob.* deska surfingowa)
suszarka *rz.rż.* D. suszarki Msc. suszarce (*zob.* suszarka do włosów)
suszarka do włosów T 10 F13
  hairdryer / sèche-cheveux, *un* / Föhn, Haartrockner, der
suszyć *cz.ndk.* suszę, suszysz T 33 58 wysuszyć *cz.dk.* wysuszę, wysuszysz
  dry / sécher / trocknen
sweter *rz.rm.* D. swetra Msc. swetrze T 9 A9
  sweater / sweater, *un* / Pulli, Pullover, der
sygnalizator *rz.rm.* D. sygnalizatora Msc. sygnalizatorze T 19 A18
  traffic lights / feu de circulation, *un* / Verkehrsampeln (*Pl.*)
syn *rz.rm.* M. *lm* synowie D. syna Msc. synu T 8 15
  son / fils, *un* / Sohn, der
synowa *rz.rż.* D. synowej Msc. synowej T 8 16
  daughter-in-law / belle-fille, *une* / Schwiegertochter, die
sypialnia *rz.rż.* D. sypialni Msc. sypialni T 10 D
  bedroom / chambre à coucher, *une* / Schlafzimmer, das
syty *przym.* bardziej syty T 34 28
  satiated, full / rassasié / satt
szachownica *rz.rż.* D. szachownicy Msc. szachownicy T 16 A8
  chess-board / échiquier, *un* / Schachbrett, das
szachy *rz.blp* D. szachów Msc. szachach T 16 A
  chess / échecs / Schachspiel, das
szafa *rz.rż.* D. szafy Msc. szafie T 10 B4; T 10 D1
  wardrobe / armoire, *une* / Schrank, der
szalik *rz.rm.* D. szalika Msc. szaliku T 9 B4; T 9 D3
  scarf / écharpe, *une* / Schal, der
szampan *rz.rm.* D. szampana Msc. szampanie T12 B11
  champagne / champagne, *un* / Schaumwein, der
szampon *rz.rm.* D. szamponu Msc. szamponie T 10 F20
  shampoo / champooing, *un* / Schampun, das
szary *przym.* bardziej szary T 32 9
  grey / gris / grau
szatnia *rz.rż.* D. szatni Msc. szatni T 16 F10
  checkroom / vestiaire, *un* / Garderobe, die
szczeniak *rz.rm.* D. szczeniaka Msc. szczeniaku T 5 A2
  puppy / chien (petit), *un* / Welpe, der
szczoteczka *rz.rż.* D. szczoteczki Msc. szczotecze (*zob.* szczoteczka do zębów,
  szczoteczka do rąk)
szczoteczka do rąk T 10 F16
  hand brush / brosse à mains, *une* / Handbürste, die

szczoteczka do zębów T 10 F 17
  toothbrush / brosse à dents, *une* / Zahnbürste, die
szczotka *rz.rż.* D. szczotki Msc. szczotce T 10 G 15; T 10 E7 (*zob.* szczotka do ubrania,
  szczotka do włosów)
  brush / brosse, *une* / Bürste, die
szczotka do ubrania T 10 G9
  clothes brush / brosse à vêtements, *une* / Kleiderbürste, die
szczotka do włosów T 10 F9
  hair brush / brosse à cheveux, *une* / Haarbürste, die
szczupły *przym.* szczuplejszy T 34 13
  thin / mince / schlank
szczyt *rz.rm.* D. szczytu Msc. szczycie T 2 B13
  top / sommet, *un* / Gipfel, der; Spitze, die
szeroki *przym.* szerszy T 34 12
  wide / large / brei
szesnastka *rz.rż.* D. szesnastki Msc. szesnastce T 16 G13
  sixteenth note / double-croche, *une* / Sechzehntelnote, die
sześcian *rz.rm.* D. sześcianu Msc. sześcianie T 22 D1
  cube / cube, *un* / Würfel, Kubus, der
szkielet *rz.rm.* D. szkieletu Msc. szkielecie T 6 B
  skeleton / squelette, *une* / Skelett, das
szklanka *rz.rż.* D. szklanki Msc. szklance T 11 B4
  glass / verre, *un* / Glas, das
szkło *rz.rn.* D. szkła Msc. szkle (*zob.* szkło powiększające)
szkło powiększające T 28 A
  magnifying glass / verre grossissant, *un* / Vergrößerungsglas, das
szkolny *przym.* (*zob.* przybory szkolne, przedmioty szkolne, oceny szkolne)
szkoła *rz.rż.* D. szkoły Msc. szkole T 22
  school / école, *une* / Schule, die
szlafrok *rz.rm.* D. szlafroka Msc. szlafroku T 9 A25
  bathrobe / robe de chambre, *une* / Schlafrock, der
szminka *rz.rż.* D. szminki Msc. szmince T 10 F5
  lipstick / rouge à lèvres, *un* / Lippenstift, der
sznycel *rz.rm.* D. sznycla Msc. sznyclu T13 B6
  veal cutlet / côtelette, *une* / Schnitzel, das
szopa *rz.rż.* D. szopy Msc. szopie T 21 B5
  shed / remise, *une* / Scheune, die
szopka *rz.rż.* D. szopki Msc. szopce T 31 A11
  crèche / crèche, *une* / Krippe, die
szorstki *przym.* bardziej szorstki T 34 61
  rough / rude / rauh
szorty *rz. blp* D. szortów Msc. szortach T 9 D17
  shorts / short, *un* / Shorts (*Pl.*)
szóstka *rz.rż.* D. szóstki Msc. szóstce T 22 F1
  excellent / excellent (note) / Sechs, die
szpadel *rz.rm.* D. szpadla Msc. szpadlu T 29 C3
  spade / bêche, *une* / Spaten, der
szpital *rz.rm.* D. szpitala Msc. szpitalu T 26 F
  hospital / hôpital, *un* / Krankenhaus, das
szprycha *rz.rż.* D. szprychy Msc. szprysze T 17 G7
  spoke / rayon, *un* / Speiche, die
szufelka *rz.rż.* D. szufelki Msc. szufelce T 10 G13
  hand shovel / pelle, *une* / Handschaufel, die

sztuciec *rz.rm.* M. *lm* sztućce D. sztućca Msc. sztućcu T 11 C
cutlery / couvert de table, *un* / Besteck, das

sztuka *rz.rż.* D. sztuki Msc. sztuce T 16 F10
play / pièce, *une* / Spiel, das

szyba *rz.rż.* D. szyby Msc. szybie T 10 J3; T 17 F (*zob.* przednia szyba)
window pane, windshield / vitre, *une* / Scheibe, die

szybki *przym.* szybszy T 34 53
fast / vite / schnell

szybowiec *rz.rm.* D. szybowca Msc. szybowcu T 17 J1
glider / planeur, *un* / Gleiter, der; Segelflugzeug, das

szycie *rz.rn.* D. szycia Msc. szyciu (*zob.* maszyna do szycia, przybory do szycia)

szyć *cz.ndk.* szyję, szyjesz T 33 122 uszyć *cz.dk.* uszyję, uszyjesz
sew / coudre / nähen

szydełko *rz.rn.* D. szydełka Msc. szydełku T 10 H5
crochet hook / crochet, *un* / Häkelhaken, der

szyja *rz.rż.* D szyi Msc. szyi T 6 D2
neck / cou, *un* / Hals, der

szynka *rz.rż.* D. szynki Msc. szynce T13 C2; T12 A19
ham / jambon, *un* / Schinke, die

 Ś

ściana *rz.rż.* D. ściany Msc. ścianie T 10 A7; T 10 C7
wall / mur, *un* / Wand, die

ściek *rz.rm.* D. ścieku Msc. ścieku T 19 A14
gutter / égout, *un* / Abfluß, der

ścienny *przym.* (*zob.* zegar ścienny)

ściereczka *rz.rż.* D. ściereczki Msc. ściereczce T 11 A29
cloth / chiffon, *un* / Tuch, das; Lappen, der

ścierka *rz.rż.* D. ścierki Msc. ścierce T 22 A8
cloth / torchon, *un* / Tuch, das

ścierny *przym.* (*zob.* papier ścierny)

ścieżka *rz.rż.* D. ścieżki Msc. ścieżce T 10 A10; T 21 A14
path/ sentier, *un* / Pfad, der

śledź *rz.rm.* D. śledzia Msc. śledziu T 5 D4; T 15 A5
herring / hareng, *un* / Hering, der

śliniak *rz.rm.* D. śliniaka Msc. śliniaku T 10 D18
bib / bavette, *une* / Lätzchen, das

śliwka *rz.rż.* D. śliwki Msc. śliwce T 4 A3
plum / prune, *une* / Pflaume, die

ślub *rz.rm.* D. ślubu Msc. ślubie (*zob.* brać ślub)

śmiać się *cz.ndk.* śmieję, śmiejesz T 33 160
laugh / rire / lachen

śmietana *rz.rż.* D. śmietany Msc. śmietanie T12 A2
cream / crème fraîche, *une* / Rahm, der; Sahne, die

śmigus-dyngus *rz. rm.* D. śmigusa-dyngusa Msc. śmigusie-dyngusie T 31 B6
traditional custom of dousing women on Easter Monday / coutume d'asperger les
femmes d'eau le lundi de Pâques / der naße Ostermontag

śniadanie *rz.rn.* D. śniadania Msc. śniadaniu T13 A
breakfast / petit-déjeuner, *un* / Frühstück, das

śnieg *rz.rm.* D. śniegu Msc. śniegu T 3 E6
snow / neige, *une* / Schnee, der

śpiewać *cz.ndk.* śpiewam, śpiewasz T 33 144 zaśpiewać *cz.dk.* zaśpiewam, zaśpiewasz
  sing / chanter / singen
śpiwór *rz.rm.* D. śpiwora Msc. śpiworze T 15 A8
  sleeping bag / sac à coucher, *un* / Schlafsack, der
środa *rz.rż.* D. środy Msc. środzie T 30 A3
  Wednesday / mercredi, *un* / Mittwoch, der
środek *rz.rm.* D. środka Msc. środku (*zob.* środki transportu drogowego,
    środki lokomocji wodnej)
środki lokomocji wodnej T 17 I
  means of water transport / moyens de transport sur l'eau / Wasserverkehrsmittel (*Pl.*)
środki transportu drogowego T 17 B
  means of road transport / moyens de transport routier / Verkehrsmittel (*Pl.*)
śruba *rz.rż.* D. śruby Msc. śrubie T 29 C
  screw / vis, *une* / Schraube, die
śrubokręt *rz.rm.* D. śrubokręta Msc. śrubokręcie T 29 A1
  screwdriver / tournevis, *un* / Schraubenzieher, der
świat *rz.rm.* D. świata Msc. świecie T2 (*zob.* świat zwierząt)
  world / monde, *un* / Welt, die
świat zwierząt T 5
  animal world / monde des animaux, *un* / Tierwelt, die
światła T 19 B
  lights / feux / Lichter (*Pl.*)
światło *rz.rm.* D. światła Msc. świetle (*zob.* światła, światło stopu, światło odblaskowe)
światło czerwone T 19 B1
  red light / feu rouge, *un* / Rotlicht, das; Rotlichtlampe, die
światło odblaskowe T 17 G14
  fluorescent light / lumière fluorescente, *une* / reflektierendes Licht
światło stopu T 17 E5
  stop light / feu de stop, *un* / Bremslicht, Haltelicht, Stopplicht, das
światło zielone T 19 B3
  green light / feu vert, *un* / grünes Licht
światło żółte T 19 B2
  amber light / feu jaune, *un* / gelbes Licht
świecić *cz.ndk.* świecę, świecisz T 33 170 zaświecić *cz.dk.* zaświecę, zaświecisz
  shine / briller / scheinen, leuchten
świeczka *rz.rż.* D. świeczki Msc. świeczce T 31 A4
  candle / bougie, *une* / Kerze, die
święto *rz.rm.* D. święta Msc. święcie (*zob.* polskie święta)
  holiday / fête, *une* / Fest, das; Feiertag, der
świnia *rz.rż.* D. świni Msc. świni T 5 A11
  pig / cochon, *un* / Schwein, das

ta *zaim.wsk.* T 35 C2
  this / cette / diese
tabletka *rz.rż.* D. tabletki Msc. tabletce T 25 B2
  pill / tablette, *une* / Tablette, die
tablica *rz.rż.* D. tablicy Msc. tablicy T 14 C3; T 22 A2
  board / tableau, *un* / Tafel, die

tablica rejestracyjna T 17 E 6
 license plate / plaque d'immatriculation, *une* / Nummernschild, das
taboret *rz.rm.* D. taboretu Msc. taborecie T 11 A25
 stool / tabouret, *un* / Hocker, der
taca *rz.rż.* D. tacy Msc. tacy T 11 A19
 tray / plateau, *un* / Tablett, das
taczka *rz.rż.* D. taczki Msc. taczce T 29 C6
 wheelbarrow / brouette, *une* / Schubkarren, der
taksówka *rz.rż.* D. taksówki Msc. taksówce (*zob.* postój taksówek)
taksówkarz *rz.rm.* M. *lm* taksówkarze D. taksówkarza Msc. taksówkarzu T 18 33
 cab-driver / chauffeur de taxi, *un* / Taxifahrer, der
talerz *rz.rm.* D. talerza Msc. talerzu (*zob.* talerz głęboki, talerz płytki)
talerz głęboki   T 11 B1
 soup plate / assiette creuse, *une* / tiefer Teller
talerz płytki   T 11 B2
 dinner plate / assiette plate, *une* / flacher Teller
talerzyk *rz.rm.* D. talerzyka Msc. talerzyku T 11 B3
 dessert plate / assiette (petite), *une* / (Dessert-)Teller, der
talia *rz.rż.* D. talii Msc. talii T 6 D24; T 16 C5
 waist; pack of cards / taille, *une*; jeu de cartes, *un* / Taille, die; Spielkarten (*Pl.*)
tamta *zaim.wsk.* T 35 C5
 that / celle-là / jene
tamten *zaim.wsk.* T 35 C4
 that / celui-là / jener
tamto *zaim.wsk.* T 35 C6
 that / celui-là / jenes
tani *przym.* tańszy T 34 35
 cheap / bon marché / billig, preiswert
tankowiec *rz.rm.* D. tankowca Msc. tankowcu T 17 I9
 tanker / petrolier, *un* / Tankschiff, das
tańczyć *cz.ndk.* tańczę, tańczysz T 33 146 zatańczyć *cz.dk.* zatańczę, zatańczysz
 dance / danser / tanzen
tasak *rz.rm.* D. tasaka Msc. tasaku T 11 A6
 cleaver / hachoir, *un* / Hackmesser, das
teatr *rz.rm.* D. teatru Msc. teatrze T 16 F
 theatre / théâtre, *un* / Theater, das
teczka *rz.rż.* D. teczki Msc. teczce T 23 25
 file / dossier, *un* / Mappe, die
tekst *rz.rm.* D. tekstu Msc. tekście T 16 I13
 text / texte, *un* / Text, der
telefon *rz.rm.* D. telefonu Msc. telefonie T 10 B16; T 23 13; T 25 A8 (*zob.* telefon
 komórkowy)
 telephone / téléphone, *un* / Telefon, das; Fernsprecher, der
telefon komórkowy T 23 17
 cellphone / téléphone portable, *un* / Handy, das; Mobiltelefon, das
telefoniczny *przym.* (*zob.* budka telefoniczna, karta telefoniczna, książka telefoniczna)
telefonować *cz.ndk.* telefonuję, telefonujesz T 33 64 zatelefonować *cz.dk.*
 zatelefonuję, zatelefonujesz
 telephone / téléphoner / telefonieren, anrufen
telegram *rz.rm.* D. telegramu Msc. telegramie T 25 D1
 telegram / télégramme, *un* / Telegramm, das

telekomunikacja *rz.rż.* D. telekomunikacji Msc. telekomunikacji T 25
  telecommunications / télécommunication, *une* / Fernmeldeverkehr, der;
  Fernmeldewesen, das
telewizor *rz.rm.* D. telewizora Msc. telewizorze T 10 C9
  television / téléviseur, *un* / Fernsehapparat, der
temperatura *rz.rż.* D. temperatury Msc. temperaturze T 3 E9; T 3 F3
  temperature / température, *une* / Temperatur, die
ten *zaim.wsk.* T 35 C1
  this / cet / dieser
tenis *rz.rm.* D. tenisa Msc. tenisie T 14 E (*zob.* grać w tenisa)
  tennis / tennis, *un* / Tennis, das
tenisista *rz.rm.* M. *lm* tenisiści D. tenisisty Msc. tenisiście T 14 E2
  tennis player / joueur de tennis, *un* / Tennisspieler, der
terminarz *rz.rm.* D. terminarza Msc. terminarzu T 23 6
  datebook / agenda, *une* / Terminkalender, der
termometr *rz.rm.* D. termometru Msc. termometrze T 3 F; T 25 E7
  thermometer / thermomètre, *un* / Thermometer, das
teściowa *rz.rż.* D. teściowej Msc. teściowej T 8 6
  mother-in-law / belle-mère, *une* / Schwiegermutter, die
teść *rz.rm.* M. *lm* teściowie D. teścia Msc. teściu T 8 5
  father-in-law / beau-père, *un* / Schwiegervater, der
tęcza *rz.rż.* D. tęczy Msc. tęczy T 3 G6
  rainbow / arc-en-ciel, *un* / Regenbogen, der
tęgi *przym.* tęższy T 34 14
  stout / obèse / beleibt, dick
tępy *przym.* bardziej tępy T 34 51
  blunt / émoussé / stumpf
tętnica *rz.rż.* D. tętnicy Msc. tętnicy T 6 C5
  artery / artère, *une* / Schlagader, die
tłuczek *rz.rm.* D. tłuczka Msc. tłuczku T 11 A5
  masher / pilon, *un* / Stößel, der; Stampfer, der
to *zaim.wsk.* T 35 C3
  this / ça / das
toaletka *rz.rż.* D. toaletki Msc. toaletce T 10 D5
  dressing-table / toilette, *une* / Frisiertoilette, die
toaletowy *przym.* (*zob.* przybory toaletowe, papier toaletowy)
topiony *przym.* (*zob.* serek topiony)
topola *rz.rż.* D. topoli Msc. topoli T 4 E7
  poplar tree / peuplier, *un* / Pappel, die
toporek *rz.rm.* D. toporka Msc. toporku T 27 7
  hatchet / hachette, *une* / Handbeil, das
tor *rz.rm.* D. toru Msc. torze T 14 I2; T 14 R4
  track / voie, *une* / Bahn, die
torba *rz.rż.* D. torby Msc. torbie T 17 K6; T 20 C16
  bag / sac, *un* / Tasche, die
torebka *rz.rż.* D. torebki Msc. torebce T 9 B2
  handbag / sac à main, *un* / Handtasche, die
tornister *rz.rm.* D. tornistra Msc. tornistrze T 22 B1
  schoolbag / cartable, *un* / Schulranzen, der
torpeda *rz.rż.* D. torpedy Msc. torpedzie T 28 C9
  torpedo / torpille, *une* / Torpedo, der
tort *rz.rm.* D. tortu Msc. torcie T13 C6
  layer cake / tarte, *une* / Torte, die

toster *rz.rm.* D. tostera Msc. tosterze T 11 A8
    toaster / tosteur, *un* / Toaster, Röster der
towarowy *przym.* (*zob.* dom towarowy)
traktor *rz.rm.* D. traktora Msc. traktorze T 21 B6
    tractor / tracteur, *un* / Traktor, der
trampolina *rz.rż.* D. trampoliny Msc. trampolinie T 14 D1
    diving platform / tremplin, *un* / Trampolin, Sprungbrett, das
tramwaj *rz.rm.* D. tramwaju Msc. tramwaju T 19 C12
    tram / tramway, *un* / Straßenbahn, die
tramwajowy *przym.* (*zob.* przystanek tramwajowy)
transport *rz.rm.* D. transportu Msc. transporcie T 17 (*zob.* środki transportu drogowego)
    transport / transport, *un* / Transport, der
trasa *rz.rż.* D. trasy Msc. trasie T 14 H1
    route / piste, *une* / Trasse, Piste, die
trawa *rz.rż.* D. trawy Msc. trawie T 21 B11
    grass / herbe, *une* / Gras, das
trawnik *rz.rm.* D. trawnika Msc. trawniku T 10 A9; T 19 A8
    lawn / gazon, *un* / Rasen, der
trąbka *rz.rż.* D. trąbki Msc. trabce T 16 H12
    trumpet / trompette, *une* / Trompete, die
trefl *rz.rm.* D. trefla Msc. treflu T 16 C4
    clubs / trèfle, *un* / Treff, Kreuz, das
tropik *rz.rm.* D. tropiku Msc. tropiku T 15 A3
    fly sheet / double toit, *un* / Tropen (Pl.)
trójka *rz.rż.* D. trójki Msc. trójce T 22 F4
    fair (grade) / trois, *un* / Drei, die (= befriedigend)
trójkąt *rz.rm.* D. trójkąta Msc. trójkącie T 22 C5
    triangle / triangle, *un* / Dreieck, das
trudny *przym.* trudniejszy T 34 44
    difficult / difficile / schwierig
truskawka *rz.rż.* D. truskawki Msc. truskawce T 4 A4
    strawberry / fraise, *une* / Erdbeere, die
trybuna *rz.rż.* D. trybuny Msc. trybunie T 14 A2
    rostrum / tribune, *une* / Tribune, die
trzymać *cz.ndk.* trzymam, trzymasz T 33 34 potrzymać *cz.dk.* potrzymam, potrzymasz
    hold / tenir / halten
tulipan *rz.rm.* D. tulipana Msc. tulipanie T 4 D5
    tulip / tulipe, *une* / Tulpe, die
tułów *rz.rm.* D. tułowia Msc. tułowiu T 6 D11
    trunk / torse, *un* / Rumpf, der
tusz *rz.rm.* D. tuszu Msc. tuszu (*zob.* tusz do rzęs)
tusz do rzęs T 10 F6
    mascara / mascara, *un* / Wimperntusche, die
twardy *przym.* twardszy T 34 64
    hard / dur / hart
twarz *rz.rż.* D. twarzy Msc. twarzy T 6 A
    face / visage, *un* / Gesicht, das
twój *zaim.dzierż.* T 35 B2
    your / ton / dein
ty *zaim.os.* T 35 A2
    you / tu / du
tyczka *rz.rż.* D. tyczki Msc. tyczce T 14 O3 (*zob.* skok o tyczce)
    pole / perche, *une* / Stange, die; Stab, der

tyczkarz *rz.rm.* M. *lm* tyczkarze D. tyczkarza Msc. tyczkarzu T 14 O1
  pole-vaulter / sauteur à la perche, *un* / Hochstabspringer, der
tydzień *rz.rm.* D. tygodnia Msc. tygodniu T 30 A; T 30 F5
  week / semaine, *une* / Woche, die
tytuł *rz.rm.* D. tytułu Msc. tytule T 16 I8
  title / titre, *un* / Titel, der

ubierać się *cz.ndk.* ubieram, ubierasz T 33 71   ubrać się *cz.dk.* ubiorę, ubierzesz
  dress / habiller (s')/ anziehen, sich
ubikacja *rz.rż.* D. ubikacji Msc. ubikacji T 10 E5
  lavatory / toilette, *une* / Toilette, die
ubranie *rz.rm.* D. ubrania Msc.ubraniu T 9 (*zob.* ubranie damskie, ubranie męskie)
  clothes / vêtement, *un* / Kleidung, Bekleidung die
ubranie damskie T 9 A
  women's clothes / vêtements de femme / Damenbekleidung, die
ubranie męskie T 9 D
  men's clothes / vêtements d'homme / Herrenbekleidung, die
ucho *rz.rn.* D. ucha Msc. uchu T 6 A4
  ear / oreille, *une* / Ohr, das
uczennica *rz.rż.* D. uczennicy Msc. uczennicy T 22 A10
  schoolgirl / élève, *une* / Schülerin, die
uczeń *rz.rm.* *lmn* uczniowie D. ucznia Msc. uczniu T 22 A9
  schoolboy / élève, *un* / Schüler, der
uczyć się *cz.ndk.* uczę, uczysz T 33 81 nauczyć się *cz.dk.* nauczę, nauczysz
  learn / apprendre / lernen
udo *rz.rn.* D. uda Msc. udzie T 6 D15
  thigh / cuisse, *une* / Schenkel, der
ujście *rz.rn.* D. ujścia Msc. ujściu T 2 B5
  estuary / embouchure, *une* / Mündung, die
układ *rz.rm.* D. układu Msc. układzie (*zob.* układ słoneczny)
układ słoneczny T 1 B
  solar system / système solaire / Sonnensystem, das
ul *rz.rm.* D. ula Msc. ulu T 21 B16
  bee-hive / ruche, *une* / Bienenstock, der
ulica *rz.rż.* D. ulicy Msc. ulicy T 19 C11
  street / rue, *une* / Straße, die
umierać *cz. ndk.* umieram, umierasz T 33 85 umrzeć *cz.dk.* umrę, umrzesz
  die / mourir / sterben
umywalka *rz.rż.* D. umywalki Msc. umywalce T 10 E8
  washbasin / lavabo, *un* / Waschbecken, das
Uran *rz.rm.* D. Uranu Msc. Uranie T 1 B8
  Uranus / Uranus, *un* / Uran, das
urząd *rz.rm.* D. urzędu Msc. urzędzie (*zob.* urząd pocztowy)
urząd pocztowy T 25 A1
  post office / bureau de poste, *un* / Postamt, das
urzędnik *rz.rm.* M. *lm* urzędnicy D. urzędnika Msc. urzędniku T 18 36; T 23 3
  clerk / fonctionnaire, *un* / Angestellte, Beamte, der
urzędniczka *rz.rż.* D. urzędniczki Msc. urzędniczce T 25 A5
  clerk / fonctionnaire, *une* / Angestellte, Beamtin, die
usta *rz. blp* D. ust Msc. ustach T 6 A10
  mouth / bouche, *une* / Mund, der

V

video *rz.rn. ndm.* T 16 L (*zob.* kaseta video)
   video / vidéo, *une* / Video, das

W

w *przyim.* T 36-6
   in / dans / in
waga *rz.rż.* D. wagi Msc. wadze T 10 E13; T 11 A9; T 20 C9; T 25 A7
   scales / balance, *une* / Waage, die
wakacje *rz.blp* D. wakacji Msc. wakacjach T 15
   holiday / vacances / Schulferien, die
walet *rz.rm.* D. waleta Msc. walecie T 16 D9
   jack / valet, *un* / Bube, der
walizka *rz.rż.* D. walizki Msc. walizce T 17 K4
   suitcase / valise, *une* / Reisekoffer, der
waltornia *rz.rż.* D. waltorni Msc. waltorni T 16 H10
   french horn / cor, *un* / Waldhorn, das
waluta *rz.rż.* D. waluty Msc. walucie (*zob.* wymiana walut)
wałek *rz.rm.* D. wałka Msc. wałku T 11 A4
   rolling-pin / rouleau, *un* / Rollholz, das
wanna *rz.rż.* D. wanny Msc. wannie T 10 E10
   bathtub / bain, *un* / Badewanne, die
warcaby *rz.blp* D. warcabów Msc. warcabach T 16 B
   draughts / jeu de dames, *un* / Damespiel, das
warga *rz.rż.* D. wargi Msc. wardze T 6 A13
   lip / lèvre, *une* / Lippe, die
warsztat *rz.rm.* D. warsztatu Msc. warsztacie T 28
   workshop / atelier, *un* / Werkstatt, die
warzywo *rz.rn.* D. warzywa Msc. warzywie T 4 B
   vegetable / légume, *une* / Gemüse, das
wasz *zaim.dzierż.* T 35 B6
   your / votre / euer
wata *rz.rż.* D. waty Msc. wacie T 25 B9
   cotton wool / ouate, *une* / Watte, die
waza *rz.rż.* D. wazy Msc. wazie T 11 B14
   soup tureen / vase, *un* / Vase, die
wazon *rz.rm.* D. wazonu Msc. wazonie T 10 B6; T 10 C22
   vase / pot à fleurs, *un* / Blumenvase, die
ważka *rz.rż.* D. ważki Msc. ważce T 5 F11
   dragon-fly / libellule, *une* / Libelle, die
ważyć *cz.ndk.* ważę, ważysz T 33 106 zważyć *cz.dk.* zważę, zważysz
   weigh / peser / wiegen
wąs *rz.rm.* D. wąsa Msc. wąsie T 6 A9
   moustache / moustache, *une* / Schnurbart, der
wąski *przym.* węższy T 34 11
   narrow / étroit / eng
wątroba *rz.rż.* D. wątroby Msc. wątrobie T 6 C7
   liver / foie, *un* / Leber, die
wąż *rz.rm.* D węża Msc. wężu T 5 D5; T 27 10
   snake; fire-hose / serpent, tuyau d'incendie, *un* / Schlange, die; Schlauch, der
wchodzić *cz.ndk.* wchodzę, wchodzisz T 33 17 wejść *cz.dk.* wejdę, wejdziesz
   enter / entrer / hineingehen

wczoraj *przysł.* T 30 D4
  yesterday / hier / gestern
wejście *rz.rn.* D. wejścia Msc. wejściu T 19 C8
  entrance / entrée, *une* / Eingang, der
wek *rz.rm.* D. weka Msc. weku T 10 G2
  bottling jar / bocal, *un* / Weckglas, das
wełna *rz.rż.* D. wełny Msc. wełnie T 10 H3
  wool / laine, *une* / Wolle, die
wentyl *rz.rm.* D. wentyla Msc. wentylu T 17 G15
  valve / soupape, *une* / Ventil, das
wentylator *rz.rm.* D. wentylatora Msc. wentylatorze T 23 12
  fan / ventilateur, *un* / Ventilator, der
Wenus *rz.rż.* *ndm.* T 1 B3
  Venus / Venus, *un* / Venus, die
wesoły *przym.* weselszy T 34 17
  merry / gai / lustig, fröhlich, heiter
weterynarz *rz.rm.* M. *lm* weterynarze D. weterynarza Msc. weterynarzu T 18 43
  veterinarian / vétérinaire, *un* / Tierarzt, der
wewnętrzny *przym.* (*zob.* narządy wewnętrzne)
węgiel *rz.rm.* *blm* D. węgla Msc. węglu T 10 G18
  coal / charbon, *un* / Kohl, der
węgorz *rz.rm.* D. węgorza Msc. węgorzu T 5 D3
  eel / anguille, *une* / Aal, der
wiać *cz.ndk.* wieję, wiejesz T 33 171 powiać *cz.dk.* powieję, powiejesz
  blow / venter / wehen
wiaderko *rz.rn.* D. wiaderka Msc. wiaderku T 10 G17
  pail / seau (petit), *un* / Eimer, der
wiatr *rz.rm.* D. wiatru Msc. wietrze T 3 E8; T 3 G7
  wind / vent, *un* / Wind, der
widelec *rz.rm.* D. widelca Msc. widelcu T 11 C2
  fork / fourchette, *une* / Gabel, die
widły *rz.blp* D. wideł Msc. widłach T 29 C1
  fork / fourche, *une* / Gabel, die
widokówka *rz.rż.* D. widokówki Msc. widokówce T 25 B8
  postcard / carte postale, *une* / Ansichtskarte, die
widz *rz.rm.* M. *lm* widzowie D. widza Msc. widzu T 16 E2
  spectator / spectateur, *un* / Zuschauer, der
widzieć *cz.ndk.* widzę, widzisz T 33 158 zobaczyć *cz.dk.* zobaczę, zobaczysz
  see / voir / sehen
wieczór *rz.rm.* D. wieczora Msc. wieczorze T 30 E3
  evening / soir, *un* / Abend, der
wielbłąd *rz.rm.* D. wielbłąda Msc. wielbłądzie T 5 C2
  camel / chameau, *un* / Kamel, das
Wielkanoc *rz.rż.* *blm* D. Wielkanocy Msc. Wielkanocy T31 B
  Easter / Pâques / Ostern, das
wieprzowina *rz.rż.* D. wieprzowiny Msc. wieprzowinie T12 A23
  pork / viande de porc, *une* / Schweinefleisch, das
wiertarka *rz.rż.* D. wiertarki Msc. wiertarce (*zob.* wiertarka elektryczna,
    wiertarka ręczna)
wiertarka elektryczna T 29 A12
  electric drill / perceuse éléctrique, *une* / elektrischer Bohrer
wiertarka ręczna T 29 A11
  hand drill / perceuse à main, *une* / Handbohrer, der

wierzba *rz.rż.* D. wierzby Msc. wierzbie T 4 E5
   willow / saule, *une* / Weide, die
wieszak *rz.rm.* D. wieszaka Msc. wieszaku T 10 B9; T 10 D2; T 10 E2; T10 G12
   coat rack, clothes hanger, rail / portemanteau; crochet, *un* / Kleiderhaken,
   Kleiderbügel, Aufhänger, der
wieś *rz.rż.* D. wsi Msc. wsi T 2 E20; T 21A
   village / campagne, *une* / Dorf, das
wiewiórka *rz.rż.* D. wiewiórki Msc. wiewiórce T 5 B11
   squirrel / écureuil, *un* / Eichhörnchen, das
wieża *rz.rż.* D. wieży Msc. wieży T 16 A3 (*zob.* wieża kontroli lotów)
   rook / tour, *une* / Turm, der
wieża kontroli lotów T 17 J7
   control tower / tour de contrôle des vols, *une* / Kontrolturm, der; Tower, der
więzienie *rz.rn.* D. więzienia Msc. więzieniu T 28 A14
   prison / prison, *une* / Gefängnis, das
wilk *rz.rm.* D. wilka Msc. wilku T 5 B2
   wolf / loup, *un* / Wolf, der
wino *rz.rn.* D. wina Msc. winie T12 B9
   wine / vin, *un* / Wein, der
winogrono *rz.rn.* D. winogrona Msc. winogronie T 4 A13
   grapes / raisin, *un* / Weintraube, die
wiolinowy *przym.* (*zob.* klucz wiolinowy)
wiolonczela *rz.rż.* D. wiolonczeli Msc. wiolonczeli T 16 H3
   cello / violoncelle, *une* / Cello, das
wiosna *rz.rż.* D. wiosny Msc. wiośnie T 3A
   spring / printemps, *un* / Frühling, der; Frühjahr, das
wizjer *rz.rm.* D. wizjera Msc. wizjerze T 10 I3
   spyhole / visière, *une* / Guckloch, das
wjeżdżać *cz.ndk.* wjeżdżam, wjeżdżasz T 33 19 wjechać *cz.dk.* wjadę, wjedziesz
   drive in / entrer (en voiture) / einfahren
wkręt *rz.rm.* D. wkręta Msc. wkręcie T 29 A20
   screw / vis, *une* / Schraube, die
w lewo *przysł.* T 19 B5
   left / gauche (à) / nach links, links
włączać *cz.ndk.* włączam włączasz T 33 26 włączyć *cz.dk.* włączę, włączysz
   switch on / brancher / einschalten, anmachen
włos *rz.rm.* D. włosa Msc. włosie T 6 A1 (*zob.* szczotka do włosów, spinka do włosów,
   suszarka do włosów)
   hair / cheveu, *un* / Haar, das
wnuczek *rz.rm.* M. *lm* wnuczkowie D. wnuczka Msc. wnuczku T 8 23
   grandson / petit-fils, *un* / Enkel, der
wnuczka *rz.rż.* D. wnuczki Msc. wnuczce T 8 24
   granddaughter / petite-fille, *une* / Enkelin, die
woda *rz.rż.* D. wody Msc. wodzie T 3 G3; T 15 B14 (*zob.* woda mineralna)
   water / eau, *une* / Wasser, das
woda mineralna T12 B4
   mineral water / eau minérale, *une* / Mineralwasser, das
wodny *przym.* (*zob.* rower wodny, środki lokomocji wodnej)
wojsko *rz.rn.* D. wojska Msc. wojsku T 28 B
   army / armée, *une* / Armee, die
wolny *przym.* T 34 67
   free / libre / frei, nicht besetzt
wolny *przym.* wolniejszy T 34 54
   slow / lent / langsam

wołowina *rz.rż.* D. wołowiny Msc. wołowinie T12 A21
  beef / viande de boeuf, *une* / Rindfleisch, das
wódka *rz.rż.* D. wódki Msc. wódce T12 B10
  vodka / vodka, *une* / Vodka, Schnaps der
wóz *rz.rm.* D. wozu Msc. wozie (*zob.* wóz pancerny, wóz strażacki)
wóz pancerny T 28 B7
  bulletproof car / char blindé, *un* / Panzerwagen, der
wóz strażacki T 27 4
  fire engine / voiture des pompiers, *une* / Feuerwehrauto, das
w prawo *przysł.* T 19 B6
  right / droite (à) / nach rechts, rechts
wracać *cz.ndk.* wracam, wracasz T 33 23 wrócić *cz.dk.* wrócę, wrócisz
  return / rentrer / zurückkommen, zurückkehren
wrona *rz.rż.* D. wrony Msc. wronie T 5 E7
  crow / corneille, *une* / Krähe, die
wróbel *rz.rm.* D. wróbla Msc. wróblu T 5 E5 (*zob.* strach na wróble)
  sparrow / moineau, *un* / Sperling, der
wrzesień *rz.rm.* D. września Msc. wrześniu T 30 B9
  September / septembre, *un* / September, der
wschodni *przym.* (*zob.* półkula wschodnia)
wschód *rz.rm.* D. wschodu Msc. wschodzie T 2 C3 (*zob.* północny wschód,
  południowy wschód)
  east / est, *un* / Osten, der
wsiadać *cz.ndk.* wsiadam, wsiadasz T 33 15 wsiąść *cz.dk.* wsiądę, wsiądziesz
  get on / monter / einsteigen
wskazówka *rz.rż.* D. wskazówki Msc. wskazówce (*zob.* duża wskazówka, mała wskazówka)
wskazujący *przym.* (*zob.* zaimki wskazujące)
wspinać się *cz.ndk.* wspinam, wspinasz T 33 128 wspiąć się *cz.dk.* wespnę, wespniesz
  climb / dresser (se) / klettern
wstawać *cz.ndk.* wstaję, wstajesz T 33 68 wstać *cz.dk.* wstanę, wstaniesz
  get up / lever (se) / aufstehen
wszechświat *rz.rm.* D. wszechświata Msc. wszechświecie T1
  universe / univers, *un* / Weltraum, der
wtorek *rz.rm.* D. wtorku Msc. wtorku T 30 A2
  Tuesday / mardi, *un* / Dienstag, der
wuj *rz.rm.* M. *lm* wujowie D. wuja Msc. wuju T 8 9
  uncle / oncle, *un* / Onkel, der
wy *zaim.os.* T 35 A7
  you / vous / ihr
wychodzić *cz.ndk.* wychodzę, wychodzisz T 33 18 wyjść *cz.dk.* wyjdę, wyjdziesz
  go out / sortir / herausgehen
wychowanie *rz.rm.* D. wychowania Msc. wychowaniu (*zob.* wychowanie fizyczne)
wychowanie fizyczne T 22 E8
  physical education / éducation physique, *une* / Sportunterricht, der
wycieraczka *rz.rż.* D. wycieraczki Msc. wycieraczce T 10 B14
  doormat / essuie-glace, *un* / Wischer, der
wycieraczka do szyb T17 F3
  wiper / décrottoir, *un* / Fußmatte, die
wydechowy *przym.* (*zob.* rura wydechowa)
wygrywać, *cz.ndk.* wygrywam, wygrywasz T 33 40 wygrać *cz.dk.* wygram, wygrasz
  win / gagner / siegen
wyjeżdżać *cz.ndk.* wyjeżdżam, wyjeżdżasz T 33 20 wyjechać *cz.dk.* wyjadę, wyjedziesz
  leave / partir / wegfahren

wyjście *rz.rn.* D. wyjścia Msc. wyjściu T 19 C9
  exit / sortie, *une* / Ausgang, der
wyłączać *cz.ndk.* wyłączam, wyłączasz T 33 27 wyłączyć *cz.dk.* wyłączę, wyłączysz
  switch off / éteindre / ausmachen, ausschalten
wyłącznik *rz.rm.* D. wyłącznika Msc. wyłączniku T 10 B10
  switch / disjoncteur, *un* / Ausschalter, Abschalter, der
wymiana *rz.rż.* D. wymiany Msc. wymianie (*zob.* wymiana walut)
wymiana walut T 24 3
  currency exchange / change de monnaie, *un* / Währungsaustausch, der
wypożyczalnia *rz.rż.* D. wypożyczalni Msc. wypożyczalni T 16 L1
  video rental / location, *une* / Ausleihe, die
wysiadać *cz.ndk.* wysiadam, wysiadasz T 33 16 wysiąść *cz.dk.* wysiądę, wysiądziesz
  get off / descendre / aussteigen
wysoki *przym.* wyższy T 34 5
  tall / haut / groß
wyspa *rz.rż.* D. wyspy Msc. wyspie T 2 B1
  island / île, *une* / Insel, die
wystawa *rz.rż.* D. wystawy Msc. wystawie T 20 B8
  window display / vitrine, *une* / Schaufenster, das
wywrotka *rz.rż.* D. wywrotki Msc. wywrotce T 17 B5
  dump-truck / camion-benne, *un* / Kippwagen, der
wyżyna *rz.rż.* D. wyżyny Msc. wyżynie T 2 B11
  hightlands / haut-plateau, *un* / Hochebene, die
wzdłuż *przyim.* T 36 12
  along / le long / entlang

Z

z *przyim.* T 36 11
  with / avec / mit
za *przyim.* T 36-5
  behind / derrière / hinter
zabiegowy *przym.* (*zob.* gabinet zabiegowy)
zachmurzenie *rz.rn.* D. zachmurzenia Msc. zachmurzeniu (*zob.* zachmurzenie duże,
  zachmurzenie małe, zachmurzenie umiarkowane)
zachmurzenie duże T 3 E4
  huge clouds / nébulosité (grande), *une* / große Bewölkung
zachmurzenie małe T 3 E2
  small clouds / nébulosité petite, *une* / leichte Bewölkung
zachmurzenie umiarkowane T 3 E3
  medium clouds / nébulosité moyenne, *une* / mäßige Bewölkung
zachodni *przym.* (*zob.* półkula zachodnia)
zachód *rz.rm.* D. zachodu Msc. zachodzie T 2 C5 (*zob.* północny zachód,
  południowy zachód)
  west / ouest, *un* / Westen, der
zaczynać *cz.ndk.* zaczynam, zaczynasz T 33 44 zacząć *cz.dk.* zacznę, zaczniesz
  begin / commencer / anfangen, beginnen
zaimek *rz.rm.* D. zaimka Msc. zaimku (*zob.* zaimki dzierżawcze, zaimki osobowe,
  zaimki wskazujące)
zaimki dzierżawcze T 35 B
  possessive pronouns / pronoms possessifs / Possessivpronomina
zaimki osobowe T 35 A
  personal pronouns / pronoms personnels / Personalpronomina

zaimki wskazujące T 35 C
   demonstrative pronouns / pronoms démonstratifs / Demonstrativpronomina
zając *rz.rm.* D. zająca Msc. zającu T 5 B10
   hare / lièvre, *un* / Hase, der
zajęty *przym.* bardziej zajęty T 34 68
   taken / occupé / besetzt
zakładka *rz.rż.* D. zakładki Msc. zakładce T 16 I9
   book-mark / marque-pages, *un* / Lesezeichen, das
zakonnica *rz.rż.* D. zakonnicy Msc. zakonnicy T 18 15
   nun / nonne, *une* / Nonne, die
zakupy *rz.blp* D. zakupów Msc. zakupach T 20 C
   shopping / courses / Einkäufe (*Pl.*)
zamawiać *cz.ndk.* zamawiam, zamawiasz T 33 99 zamówić *cz.dk.* zamówię, zamówisz
   order / commander / bestellen
zamek *rz.rm.* D. zamka Msc. zamku T 10 I4
   lock / serrure, *une* / Schloß, das
zamiatać *cz.ndk.* zamiatam, zamiatasz T 33 59 zamieść *cz.dk.* zamiotę, zamieciesz
   sweep / balayer / fegen
zamknięty *przym.* T 34 34
   closed / fermé / geschlossen, zu
zamykać *cz.ndk.* zamykam, zamykasz T 33 25 zamknąć *cz.dk.* zamknę, zamkniesz
   close / fermer / zumachen, schließen
zapalać *cz.ndk.* zapalam, zapalasz T 33 28 zapalić *cz.dk.* zapalę, zapalisz
   light / allumer / anzünden
zapalniczka *rz.rż.* D. zapalniczki Msc. zapalniczce T 13 E4
   lighter / briquet, *un* / Feuerzeug, das
zapałka *rz.rż.* D. zapałki Msc. zapałce T 13 E14 (*zob.* pudełko zapałek)
   match / allumette, *une* / Streichholz, das
zapasy *rz.blp* D. zapasów Msc. zapasach T 14 M
   wrestling / lutte, *une* / Ringen, das
zapaśnik *rz.rm.* M. *lm* zapaśnicy D. zapaśnika Msc. zapaśniku T 14 M1
   wrestler / lutteur, *un* / Ringkämpfer, der
zasłona *rz.rż.* D. zasłony Msc. zasłonie T 10 J6
   curtain / rideau, *un* / Vorhang, der
zasuwa *rz.rż.* D. zasuwy Msc. zasuwie T 10 I5
   bar / verrou, *un* / Riegel, der
zatoka *rz.rż.* D. zatoki Msc. zatoce T 2 B4
   gulf / baie, *une* / Bucht, die
zawias *rz.rm.* D. zawiasu Msc. zawiasie T 10 I2
   hinge / charnière, *une* / Angel, die
zawód *rz.rm.* D. zawodu Msc. zawodzie T 18 (*zob.* nazwy zawodów)
   profession / métier, *un* / Beruf, der
ząb *rz.rm.* D. zęba Msc. zębie T 6 A12 (*zob.* szczoteczka do zębów, pasta do zębów)
   tooth / dent, *une* / Zahn, der
zbierać *cz.ndk.,* zbieram, zbierasz T 33 54 zebrać *cz.dk.* zbiorę, zbierzesz
   pick / ramasser / pflücken, lesen
zbierać *cz.ndk.* zbieram, zbierasz T 33 131 zebrać *cz.dk.* zbiorę, zbierzesz
   collect / collectionner / sammeln
zboże *rz.rm.* D. zboża Msc. zbożu T 4 C
   corn / céréale, *un* / Getreide, das
zdanie *rz.rn.* D. zdania Msc. zdaniu T 22 A3
   sentence / phrase, *une* / Satz, der

zderzak *rz.rm.* D. zderzaka Msc. zderzaku T 17 E7
  bumper / pare-choc, *un* / Stoßdämpfer, der
zdrowie *rz.rm.* D. zdrowia Msc. zdrowiu T 26
  health / santé, *une* / Gesundheit, die
zdrowotny *przym.* (*zob.* opieka zdrowotna)
zebra *rz.rż.* D. zebry Msc. zebrze T 5 C10
  zebra / zèbre, *un* / Zebra, das
zegar *rz.rm.* D. zegara Msc. zegarze T 10 B2; T 30 C
  clock / montre, *une* / Uhr, die
zegar ścienny T 30 C1
  wall clock / horloge, *une* / Wanduhr, die
zegarek *rz.rm.* D. zegarka Msc. zegarku T 30 C2
  watch / montre à main, *une* / Armbanduhr, die
zegarmistrz *rz.rm.* M. *lm* zegarmistrzowie D. zegarmistrza Msc. zegarmistrzu T 18 28
  watchmaker / horloger, *un* / Uhrmacher, der
zeszyt *rz.rm.* D. zeszytu Msc. zeszycie T 22 B2
  notebook / cahier, *un* / Heft, das
zielony *przym.* zieleńszy T 32 7 (*zob.* światło zielone)
  green / vert / grün
Ziemia *rz.rż.* D. Ziemi Msc. Ziemi T 1 B4
  Earth / Terre, *une* / Erde, die
ziemia *rz.rż.* D. ziemi Msc. ziemi T 3 G4
  earth / terre, *une* / Boden, der
ziemniak *rz.rm.* D. ziemniaka Msc. ziemniaku T 4 B1; T13 B4
  potato / pomme de terre, *une* / Kartoffel, die
ziemski *przym.* (*zob.* kula ziemska)
zięć *rz.rm.* M. *lm* zięciowe D. zięcia Msc. zięciu T 8 18
  son-in-law / gendre, *un* / Schwiegersohn, der
zima *rz.rż.* D. zimy Msc. zimie T 3 D
  winter / hiver, *un* / Winter, der
zimny *przym.* zimniejszy T 34 40
  cold / froid / kalt
zjazd *rz.rm.* D. zjazdu Msc. zjeździe T 17 A3
  exit / sortie, *une* / Ausfahrt, die
zlewozmywak *rz.rm.* D. zlewozmywaka Msc. zlewozmywaku T 11 A28
  sink / évier, *un* / Spülbecken, das
zły *przym.* gorszy T 34 30
  bad / méchant / böse
zmywać *cz.ndk.* zmywam, zmywasz T 33 102 zmyć *cz.dk.* zmyję, zmyjesz
  wash up / vaisselle (faire la) / spülen
zmywarka *rz.rż.* D. zmywarki Msc. zmywarce T 11 A16
  dish-washer / lave-vaisselle, *un* / Spülmaschine, die
znaczek *rz.rm.* D. znaczka Msc. znaczku T 16 J1; T 25 B4
  stamp / timbre, *un* / Briefmarke, die
znak *rz.rm.* D. znaku Msc. znaku (*zob.* znak drogowy)
znak drogowy T 17 A9; T 19 A13
  traffic sign / panneau routier, *un* / Verkehrszeichen, das
zrywać *cz.ndk.* zrywam, zrywasz T 33 53 zerwać *cz.dk.* zerwę, zerwiesz
  pick / cueillir / abpflücken
zszywacz *rz.rm.* D. zszywacza Msc. zszywaczu T 23 23
  stapler / agrafeuse, *une* / Hefter, der
zupa *rz.rż.* D. zupy Msc. zupie T13 B1
  soup / soupe, *une* / Suppe, die

zwiedzać *cz.ndk.* zwiedzam, zwiedzasz T 33 124 zwiedzić *cz.dk.* zwiedzę, zwiedzisz
    visit / visiter / besichtigen
zwierzę *rz.rn.* D. zwierzęcia Msc. zwierzęciu T 5
    animal / animal, *un* / Tier, das
zwierzęta domowe T 5 A
    domestic animals / animal domestique, *un* / Haustiere
zwierzęta leśne T 5 B
    wild animals / animaux de la forêt / Waldtiere
zwierzęta egzotyczne T 5 C
    exotic animals / animaux exotiques / exotische Tiere
zwrotnik *rz.rm.* D. zwrotnika Msc. zwrotniku (*zob.* Zwrotnik Koziorożca, Zwrotnik
    Raka)
Zwrotnik Koziorożca T 2 A4
    Tropic of Capricorn / Tropique du Capricorne, *un* / Südlicher Wendekreis,
    Wendekreis des Steinbocks
Zwrotnik Raka T 2 A3
    Tropic of Cancer / Tropique du Cancer, *un* / Nördlicher Wendekreis,
    Wendekreis des Krebses
zwycięzca *rz.rm.* M. *lm* zwycięzcy D. zwycięzcy Msc. zwycięzcy T 14 T1
    winner / gagnant, *un* / Sieger, der
zwykły *przym.* (*zob.* list zwykły)

źrebak *rz.rm.* D. źrebaka Msc. źrebaku T 5 A6
    colt / poulain, *un* / Fohlen, das

żaba *rz.rż.* D. żaby Msc. żabie T 5 D9
    frog / grenouille, *une* / Frosch, der
żaglówka *rz.rż.* D. żaglówki Msc. żaglówce T 15 B16
    sailboat / voilier, *un* / Segelboot, das
żakiet *rz.rż.* D. żakietu Msc. żakiecie T 9 A3
    jacket / jaquette, *une* / Kostümjacke, die
żaluzja *rz.rż.* D. żaluzji Msc. żaluzji T 10 J2
    shutter / persienne, *une* / Jalousie, die
żarówka *rz.rż.* D. żarówki Msc. żarówce T 10 G3
    lightbulb / ampoule, *une* / Glühbirne, die
żebro *rz.rn.* D. żebra Msc. żebrze T 6 B4
    rib / côte, *une* / Rippe, die
żeglować *cz.ndk.* żegluję, żeglujesz T 33 127 pożeglować *cz.dk.* pożegluję,
    pożeglujesz
    sail / naviguer / segeln
żelazko *rz.rn.* D. żelazka Msc. żelazku T 10 G6
    iron / fer à repasser, *un* / Bügeleisen, das
żołądek *rz.rm.* D. żołądka Msc. żołądku T 6 C8
    stomach / estomac, *un* / Magen, der
żołnierz *rz.rm.* M. *lm* żołnierze D. żołnierza Msc. żołnierzu T 18 5; T 28 B1
    soldier / soldat, *un* / Soldat, der
żonkil *rz.rm.* D. żonkila Msc. żonkilu T 4 D4
    daffodil / jonquille, *une* / gelbe Narzisse

żółty *przym.* żółciejszy T 32 4 (*zob.* ser żółty, światło żółte)
  yellow / jaune / gelb
żółw *rz.rm.* D. żółwia Msc. żółwiu T 5 D10
  turtle / tortue, *une* / Schildkröte, die
żubr *rz.rm.* D. żubra Msc. żubrze T 5 B5
  bison / bison, *un* / Wisent, der
żuraw *rz.rm.* D. żurawia Msc. żurawiu T 17 H2
  crane / grue, *une* / Kranich, der
żyletka *rz.rż.* D. żyletki Msc. żyletce T 10 F24
  razor blade / lame, *une* / Rasierklinge, die
żyła *rz.rż.* D. żyły Msc. żyle T 6 C12
  vein / veine, *une* / Ader, die
żyrafa *rz.rż.* D. żyrafy Msc. żyrafie T 5 C5
  giraffe / girafe, *une* / Giraffe, die
żyrandol *rz.rm.* D. żyrandola Msc. żyrandolu T 10 C2
  chandelier / lustre, *un* / Kronleuchter, der
żyto *rz.rm.* D. żyta Msc. życie T 4 C1
  rye / seigle, *un* / Roggen, der
żywopłot *rz.rm.* D. żywopłotu Msc. żywopłocie T 10 A11
  hedge / haie, *une* / Hecke, die

DODATEK

A WAGI

1 kg   jeden kilogram
1 dag   jeden dekagram
1 g   jeden gram

50 dag pół kilograma
25 dag ćwierć kilograma

B MIARY ODLEGŁOŚCI

1 mm   jeden milimetr
1 cm   jeden centymetr
1 m   jeden metr
1 km   jeden kilometr

C MIARY CZASU

1 s   jedna sekunda
1 min. jedna minuta
1 h   jedna godzina

D LICZEBNIKI

1	jeden	17	siedemnaście
2	dwa	18	osiemnaście
3	trzy	19	dziewiętnaście
4	cztery	20	dwadzieścia
5	pięć	30	trzydzieści
6	sześć	40	czterdzieści
7	siedem	50	pięćdziesiąt
8	osiem	60	sześćdziesiąt
9	dziewięć	70	siedemdziesiąt
10	dziesięć	80	osiemdziesiąt
11	jedenaście	90	dziewięćdziesiąt
12	dwanaście	100	sto
13	trzynaście	200	dwieście
14	czternaście	300	trzysta
15	piętnaście	400	czterysta
16	szesnaście	500	pięćset

600 sześćset
700 siedemset
800 osiemset
900 dziewięćset
1000 tysiąc

1986 tysiąc dziewięćset osiemdziesiąt sześć

E ## ZNAKI INTERPUNKCYJNE

.	kropka	–	myślnik
,	przecinek	?	pytajnik
;	średnik	!	wykrzyknik
:	dwukropek	()	nawias

F ## DODATEK GEOGRAFICZNY

PAŃSTWO	MIESZKANIEC	MIESZKANKA	PRZYMIOTNIK	PRZYSŁÓWEK
Anglia	Anglik	Angielka	angielski	po angielsku
Austria	Austriak	Austriaczka	austriacki	po austriacku
Belgia	Belg	Belgijka	belgijski	po belgijsku
Białoruś	Białorusin	Białorusinka	białoruski	po białorusku
Bułgaria	Bułgar	Bułgarka	bułgarski	po bułgarsku
Chiny	Chińczyk	Chinka	chiński	po chińsku
Chorwacja	Chorwat	Chorwatka	chorwacki	po chorwacku
Czechy	Czech	Czeszka	czeski	po czesku
Dania	Duńczyk	Dunka	duński	po duńsku
Finlandia	Fin	Finka	fiński	po fińsku
Francja	Francuz	Francuzka	francuski	po francusku
Grecja	Grek	Greczynka	grecki	po grecku
Hiszpania	Hiszpan	Hiszpanka	hiszpański	po hiszpańsku
Holandia	Holender	Holenderka	holenderski	po holendersku
Irlandia	Irlandczyk	Irlandka	irlandzki	po irlandzku
Islandia	Islandczyk	Islandka	islandzki	po islandzku
Japonia	Japończyk	Japonka	japoński	po japońsku
Kanada	Kanadyjczyk	Kanadyjka	kanadyjski	po kanadyjsku
Łotwa	Łotysz	Łotyszka	łotewski	po łotewsku
Litwa	Litwin	Litwinka	litewski	po litewsku
Macedonia	Macedończyk	Macedonka	macedoński	po macedońsku
Niemcy	Niemiec	Niemka	niemiecki	po niemiecku
Norwegia	Norweg	Norweżka	norweski	po norwesku

DODATEK

PAŃSTWO	MIESZKANIEC	MIESZKANKA	PRZYMIOTNIK	PRZYSŁÓWEK
Polska	Polak	Polka	polski	po polsku
Portugalia	Portugalczyk	Portugalka	portugalski	po portugalsku
Rosja	Rosjanin	Rosjanka	rosyjski	po rosyjsku
Rumunia	Rumun	Rumunka	rumuński	po rumuńsku
Serbia	Serb	Serbka	serbski	po serbsku
Słowacja	Słowak	Słowaczka	słowacki	po słowacku
Słowenia	Słoweniec	Słowenka	słoweński	po słoweńsku
Szwajcaria	Szwajcar	Szwajcarka	szwajcarski	po szwajcarsku
Szwecja	Szwed	Szwedka	szwedzki	po szwedzku
Ukraina	Ukrainiec	Ukrainka	ukraiński	po ukraińsku
USA	Amerykanin	Amerykanka	amerykański	po amerykańsku
Węgry	Węgier	Węgierka	węgierski	po węgiersku
Wielka Brytania	Brytyjczyk	Brytyjka	brytyjski	po brytyjsku
Włochy	Włoch	Włoszka	włoski	po włosku

UNIVESTIAS poleca

Magdalena Szelc-Mays

Tańce malowane.

Podręcznik dla dzieci w wieku przedszkolnym i wczesnoszkolnym

W książce dzieci odnajdą:
- teksty piosenek
- kolorowankę (pary taneczne w strojach regionalnych)
- karty do gry
- CD z piosenkami

Nauczyciele zaś znajdą sugestie, jak niebanalnie poprowadzić zajęcia z dziećmi w różnym wieku, wprowadzając do nich naukę polskich tańców ludowych.

Tańce malowane można wykorzystać na różnym poziomie edukacji kulturowej, językowej, muzycznej ucząc dzieci w różnym wieku:

dzieci najmłodsze – słuchanie, proste reagowanie ruchowe, klaskanie, tupanie, powtarzanie fragmentów rytmu, tekstu słownego, melodii, malowanie, kolorowanie, zabawy ruchowe z naśladownictwem ruchów nauczyciela i tańce integracyjne. Kształtowanie wyobrażeń muzycznych i słownych;

dzieci starsze – zabawy rytmiczno-ruchowe na tle muzyki z nagrań, nauka i śpiew piosenki, rozwój mowy i słownictwa polskiego, nauka kroków i figur tanecznych, zastosowanie proponowanych zabaw tanecznych, malowanie strojów, rozpoznawanie piosenek, tańców i strojów, nazywanie ich i kojarzenie z wiedzą o regionach i wiedzą historyczną, znajomością legend, poznawanie pojęć muzycznych, wykorzystanie materiału zawartego w podręczniku do metod aktywizujących samodzielność uczniów na przykład w sytuacjach dramowych;

młodzież – nauka kroków i figur tanecznych, wykonywanie tańców według propozycji zawartych w podręczniku. Samodzielne tworzenie pełnych układów choreograficznych z opisanych i poznanych elementów poszczególnych tańców, opracowanie suit tanecznych, inscenizacji, poszerzenie wiedzy o folklorze polskim, kulturze polskiej, wiedzy historycznej i geograficznej, związane z tym poszerzenie znajomości słownictwa gwarowego, czerpanie inspiracji do poznawania Polski, utożsamienie się z kulturą polską, integrowanie się w grupie rówieśniczej poprzez współpracę, wspólne występy;

nauczyciele i studenci pedagogiki – korzystanie z podręcznika jako materiału uzupełniającego – muzycznego, słownego, metodyczno-repertuarowego do pracy z dziećmi, tworzenie planów lekcji urozmaiconych o taniec, zabawę i piosenkę.

205x295 mm, 84 s., opr. miękka, CD
Cena 35,00 zł

NOWY
SŁOWNIK
FUNDACJI KOŚCIUSZKOWSKIEJ

THE KOSCIUSZKO FOUNDATION, Inc.

ANGIELSKO-POLSKI
POLSKO-ANGIELSKI

pierwszy
dwujęzyczny
słownik
angielszczyzny
amerykańskiej

REDAKTOR NACZELNY
Jacek Fisiak

- zawiera ponad 140.000 haseł, 400.000 znaczeń i blisko 100.000 idiomów i utartych zwrotów;
- uwzględnia specyficzne użycia brytyjskie oraz inne odmiany języka angielskiego, np. australijską, kanadyjską, nowozelandzką czy południowoafrykańską;
- zawiera obszerną terminologię techniczną i specjalistyczną, m.in. z takich dziedzin jak: prawo, ekonomia, informatyka, wojsko, medycyna, media, sport, botanika i zoologia;
- podaje wyrażenia literackie, język potoczny, slang, archaizmy, idiomy i syntagmy konwencjonalne;
- podaje przykłady użycia słów w autentycznych zdaniach.

NOWY SŁOWNIK w wersji elektronicznej zawiera:
- wszystkie hasła obu tomów, • informacje gramatyczne, • transkrypcję fonetyczną.

pozwala użytkownikowi na:
- wybór języka, w którym są podawane komunikaty, wyszukiwanie słów,
- kopiowanie haseł do dokumentów,
- wyszukiwanie wszystkich haseł zawierających słowo wskazane przez użytkownika,
- przywołanie znaczeń słów już wyszukanych,
- współpracę słownika z innymi programami, co pozwala na natychmiastowe przetłumaczenie słowa z czytanego dokumentu,
- dodawanie (usuwanie) własnych haseł.

160x237 mm, registry, opr. twarda z obw.
Tom 1: 1760 s.; ISBN 83-7052-574-1
Tom 2: 1288 s.; ISBN 83-242-0145-9

Wersja elektroniczna na CD
wymagania techniczne:
PC Pentium, 32 MB RAM,
czytnik CD-ROM,
MS Windows 95, 98, NT, 2000, Me lub XP

Cena detaliczna 280,00 zł (t. 1 i t. 2, CD)
w Księgarni Wysyłkowej Universitas:
249,00 zł (w tym 11 zł – koszty wysyłki)

patronat medialny:

onet pl

TOWARZYSTWO AUTORÓW I WYDAWCÓW
PRAC NAUKOWYCH UNIVERSITAS

REDAKCJA
al. 3 Maja 7
30-063 Kraków
tel./fax (0 12) 634 51 07
(0 12) 423 47 69
(0 12) 634 37 85

DYSTRYBUCJA
oraz
KSIĘGARNIA WYSYŁKOWA
ul. Żmujdzka 6B
31-426 Kraków

tel. (012) 413 91 36
fax (012) 413 91 25
e-mail:box@universitas.com.pl

Zapraszamy do Księgarni Internetowej UNIVERSITAS
www.universitas.com.pl

Na naszej stronie znajdziecie Państwo aktualne informacje o:
- rabatach
- nowościach
- zapowiedziach
- spotkaniach promocyjnych
- bestsellerach UNIVERSITAS

a także
- pełną listę książek w sprzedaży (katalog alfabetyczny autorów i tytułów).

Ponadto na stronie www.universitas.com.pl dostępne są:
- szczegółowe opisy książek
- spisy treści
- fragmenty tekstów
- recenzje
- program wydawniczy na 2003 rok (tytuły i ceny)

Jeżeli macie Państwo dodatkowe pytania, chętnie udzielimy więcej informacji i wyjaśnień. Prosimy o kontakt: **box@universitas.com.pl**

Zapraszamy do zarejestrowania się już dziś na **www.universitas.com.pl**
Wówczas na bieżąco będziemy informować Państwa o naszych tytułach.

ZAPAMIĘTAJ!
www.universitas.com.pl

NA NASZEJ STRONIE MOŻECIE PAŃSTWO ZAMÓWIĆ BEZPŁATNY KATALOG UNIVERSITAS